AF178264

Achtung, fertig –
selber nähen!

Jane Bull

Achtung, fertig – selber nähen!

Bunte Ideen für die Nähmaschine

DK | Penguin Random House

Gestaltung und Text Jane Bull
Projektbetreuung Kathryn Meeker
Cheflektorat Penny Smith
Programmleitung Mary Ling
Bildredaktion Marianne Markham
Gestaltung und Satz Charlotte Bull
Herstellung Andy Hilliard, Ché Creasey
Umschlaggestaltung Amy Keast
Fotos Andy Crawford

Für die deutsche Ausgabe:
Programmleitung Monika Schlitzer
Projektbetreuung Janna Heimberg
Herstellungsleitung Dorothee Whittaker
Herstellungskoordination Arnika Marx
Herstellung Sophie Schiela

Titel der englischen Originalausgabe:
My Sewing Machine

Übersetzung Wiebke Krabbe
Lektorat Claudia Wagner

ISBN 978-3-8310-2921-1

Druck und Bindung Leo Paper Products, China

FSC
www.fsc.org
MIX
Papier | Fördert
gute Waldnutzung
FSC® C018179

www.dk-verlag.de

Hinweis
Die Informationen und Ratschläge in diesem Buch sind von
den Autoren und vom Verlag sorgfältig erwogen und geprüft,
dennoch kann eine Garantie nicht übernommen werden.
Eine Haftung der Autoren bzw. des Verlags und seiner Beauftragten
für Personen-, Sach- und Vermögensschäden ist ausgeschlossen.

Dieses Buch
ist für meine Mutter,
Barbara Owen, die,
wie ihre Nähmaschine,
immer auf
Touren ist.

Inhalt

Mach deine Nähmaschine startbereit!

Grund-wissen

Einfädeln und aufspulen,
Zickzack- oder Steppstich: Lerne deine
Nähmaschine kennen und starte mit einer
Probefahrt. Pannenhilfe gibt es auch.

Die Nähmaschine

Lerne zuerst deine Nähmaschine kennen. Es gibt verschiedene Modelle, aber alle funktionieren ähnlich. Schau dir im Benutzerhandbuch an, wo die Teile bei deiner Maschine liegen und wie sie aussehen.

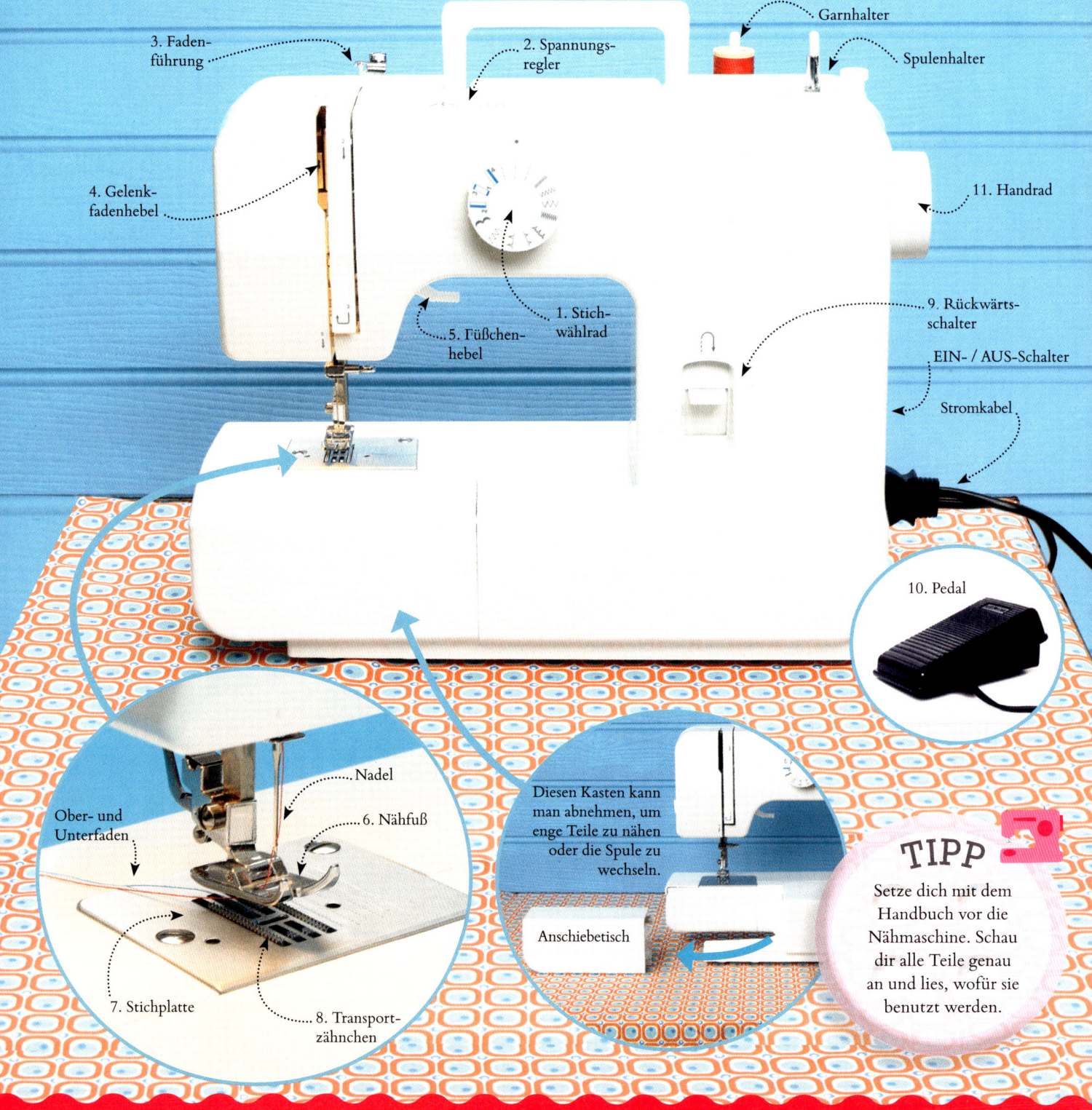

Garnhalter

Spulenhalter

3. Faden-
führung

2. Spannungs-
regler

4. Gelenk-
fadenhebel

11. Handrad

1. Stich-
wählrad

9. Rückwärts-
schalter

5. Füßchen-
hebel

EIN- / AUS-Schalter

Stromkabel

10. Pedal

Nadel

Ober- und
Unterfaden

6. Nähfuß

Diesen Kasten kann
man abnehmen, um
enge Teile zu nähen
oder die Spule zu
wechseln.

Anschiebetisch

7. Stichplatte

8. Transport-
zähnchen

TIPP

Setze dich mit dem
Handbuch vor die
Nähmaschine. Schau
dir alle Teile genau
an und lies, wofür sie
benutzt werden.

Was ist wofür?

1. STICHWÄHLRAD: Hier werden Art und Länge des Stichs eingestellt. Manche Maschinen haben für die Stichlänge ein Extrarad.

2. SPANNUNGSREGLER: Hier wird eingestellt, wie stramm oder lose der Faden beim Nähen ist.

3. FADENFÜHRUNG: Der Faden wird über mehrere Stationen zur Nadel geführt. Lies im Handbuch deiner Maschine nach, wie du einfädeln musst.

4. GELENKFADENHEBEL: Er bewegt sich beim Nähen auf und ab und reguliert die Bewegung des Fadens.

5. FÜSSCHENHEBEL: Du brauchst ihn, um den Nähfuß zu heben und zu senken. Hebe ihn, um Stoff unter die Nadel zu legen. Dann senke ihn, damit der Fuß den Stoff beim Nähen festhält.

6. NÄHFUSS: Er hält den Stoff beim Nähen fest und befördert ihn zusammen mit den Transportzähnchen vorwärts. Es gibt viele Spezial-Nähfüße. Hier ist ein Allzweck-Fuß abgebildet. Er eignet sich für alle Projekte in diesem Buch.

7. STICHPLATTE: Unter dieser Metallplatte sitzen die Transportzähnchen. Durch eine Öffnung wird der Unterfaden nach oben geholt. Linien auf der Stichplatte helfen, gerade Nähte in verschiedenen Breiten zu nähen.

8. TRANSPORTZÄHNCHEN: Die Zähnchen bewegen sich vor und zurück und befördern so den Stoff beim Nähen vorwärts.

9. RÜCKWÄRTSSCHALTER: Wenn du ihn festhältst, näht die Maschine rückwärts. Lässt du ihn los, näht sie wieder vorwärts.

10. PEDAL: Es liegt auf dem Boden und treibt den Motor an, wenn du darauf trittst. Wie mit einem Gaspedal kannst du mit dem Fuß die Geschwindigkeit steuern.

11. HANDRAD: Es dreht sich, wenn der Motor läuft. Indem du es zu dir hin drehst, kannst du die Nadel von Hand auf und ab bewegen.

12. SPULENKAPSEL: Hier wird die kleine Spule mit dem Unterfaden eingelegt. Bei manchen Maschinen sitzt sie oben, bei anderen hinter einer Klappe unter dem Anschiebetisch.

Welche Nähmaschine?

• EINFACH: Anfänger brauchen keine Maschine mit vielen komplizierten Funktionen. Aber es sollte schon eine richtige Nähmaschine sein – keine Spielzeugmaschine.

• PREIS: Informiere dich gründlich. Für eine ordentliche Maschine brauchst du nicht viel Geld auszugeben.

• HANDBUCH: Bei einer neuen Maschine ist ein Handbuch dabei. Wenn du eine gebrauchte Maschine ohne Handbuch kaufst, gehe im Internet auf die Suche. Viele Bedienungsanleitungen sind dort zu finden.

Sicherheit

• KEIN SPIELZEUG: Deine Maschine ist kein Spielzeug, sondern ein Werkzeug. Gehe sorgsam mit ihr um.

• AUSSCHALTEN: Schalte den Strom ab, wenn du einfädelst oder andere Dinge tust, für die der Motor nicht gebraucht wird.

• SETZE DICH: Versuche nicht, im Stehen zu nähen.

• ACHTE AUF DEINE FINGER: Halte beim Nähen mit den Händen Abstand zur Nadel.

• LANGSAM: Übe das Gasgeben mit dem Pedal zuerst auf einem Stoffrest. Wenn du unsicher bist, nimm den Fuß vom Pedal und mach eine Pause.

12. Spule wird VON OBEN eingesetzt.

12. Spule wird VON VORN eingesetzt.

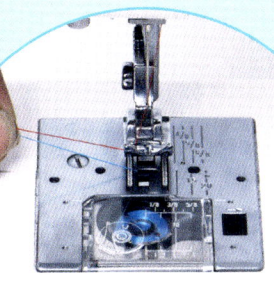

Vorbereitungen

Eine Nähmaschine braucht für jeden Stich zwei Fäden: den Oberfaden auf der großen Garnrolle und den Unterfaden auf der kleinen Spule unter der Stichplatte.

Oberfaden

Das ist die große Garnrolle. Wickle etwas davon auf die Spule, damit beide Farben gleich sind.

Spule

Wenn du Spulen kaufst, sind sie leer. Du musst mit der Nähmaschine Garn in der Farbe deines Stoffs aufwickeln.

Welcher Faden ist wo?

Wenn die Maschine läuft, werden die beiden Fäden nach jedem Stich umeinandergedreht. Den Oberfaden siehst du auf der Oberseite des Stoffs, den Unterfaden auf der Unterseite. Alle Stiche einer Naht sollen schön gleichmäßig aussehen.

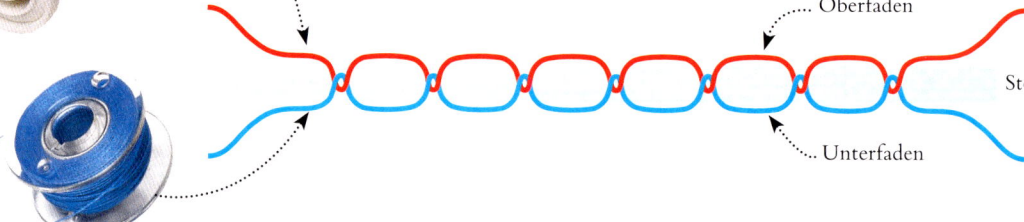

Oberfaden

Stoff

Unterfaden

So entsteht ein Stich

Die Nadel sticht von oben durch den Stoff und weiter in die Spulenkapsel. Dort zieht sie den Unterfaden hoch und es entsteht ein Stich. Diese Bewegung wiederholt sich Stich für Stich.

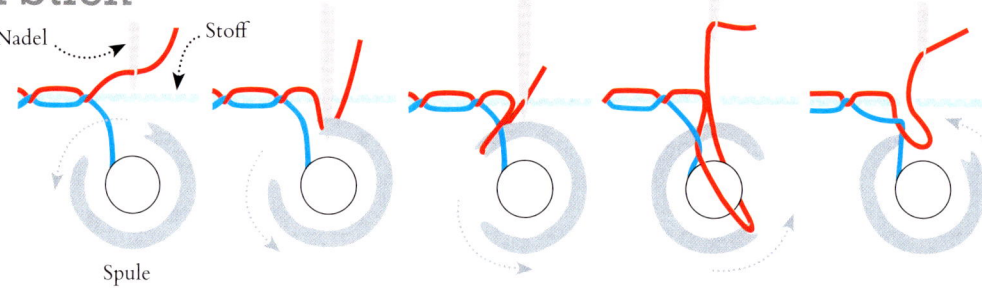

Nadel   Stoff

Spule

Stichwählrad

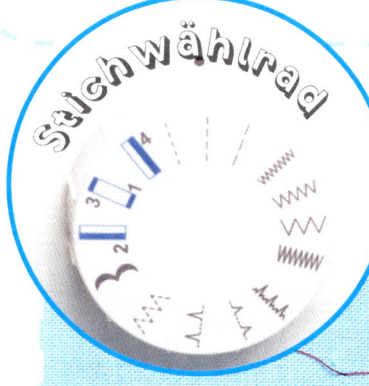

Drehe am Rad, um den Stich einzustellen, den du nähen willst. Manche Maschinen haben ein zweites Rad zum Einstellen der Stichlänge. Bei diesem Modell gibt es nur ein Rad. Hebe IMMER die Nadel aus dem Stoff, bevor du am Auswahlrad drehst.

Steppstich
Für die Projekte in diesem Buch brauchst du nur diesen Stich.

Zickzackstich
Stiche können auch als Verzierung dienen. Der Zickzackstich kann an der Stoffkante genäht werden, damit sie nicht ausfranst.

Einfädeln

Es ist wichtig, dass du zuerst den Oberfaden und den Unterfaden richtig in deine Maschine einfädelst.

ACHTUNG: Beim Einfädeln den Strom ausschalten!

2 Pfeile zeigen dir den Weg des Fadens an.

1 Setze die Garnrolle auf den Garnhalter.

3 Hake den Faden in den Gelenkfaden-hebel ein.

Der Oberfaden

Setze die Garnrolle auf den Garnhalter und führe den Faden durch die Ösen bis zur Nadel. Schau im Handbuch nach, wie es bei deiner Maschine gemacht wird.

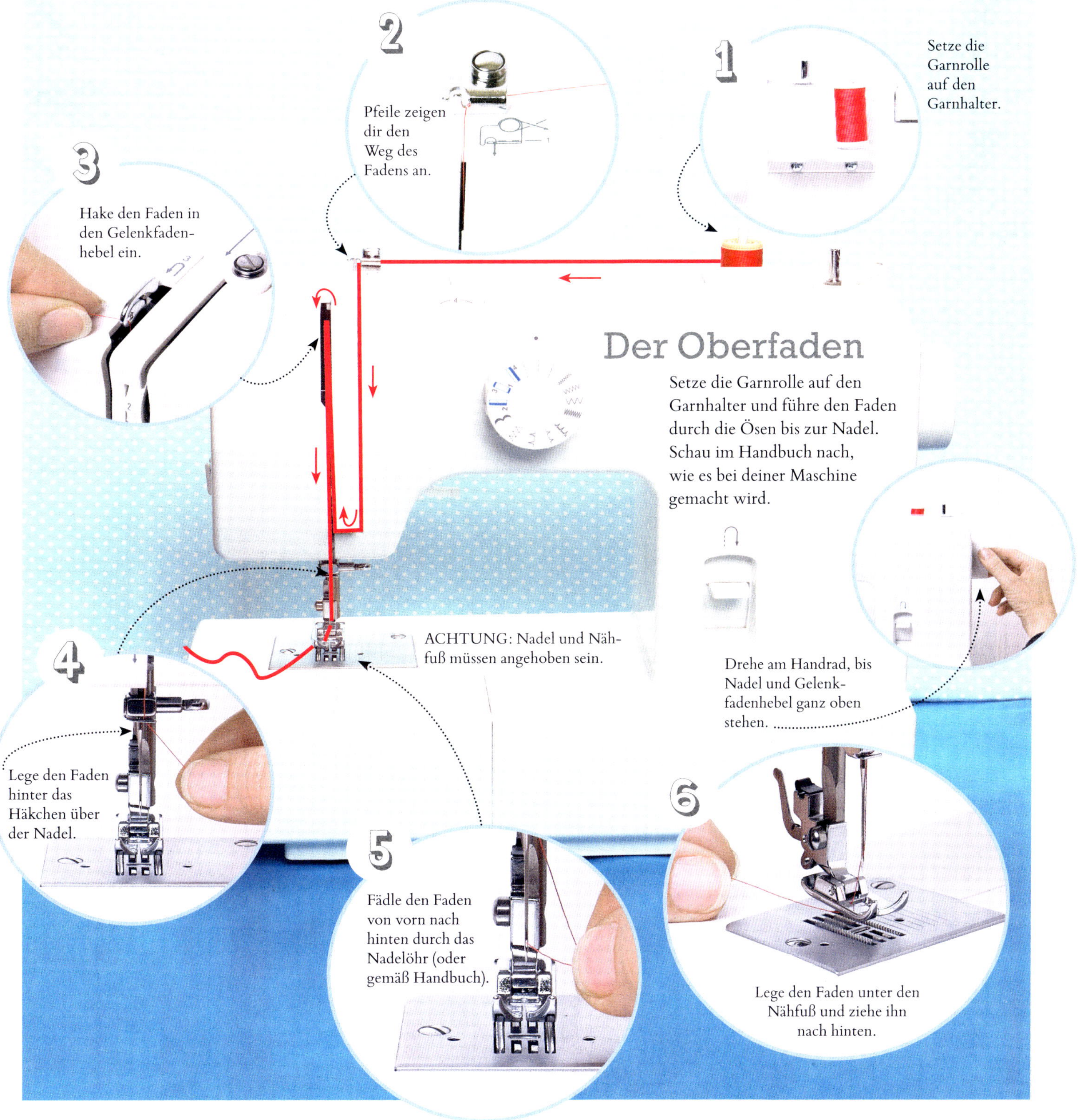

ACHTUNG: Nadel und Näh-fuß müssen angehoben sein.

Drehe am Handrad, bis Nadel und Gelenk-fadenhebel ganz oben stehen.

4 Lege den Faden hinter das Häkchen über der Nadel.

5 Fädle den Faden von vorn nach hinten durch das Nadelöhr (oder gemäß Handbuch).

6 Lege den Faden unter den Nähfuß und ziehe ihn nach hinten.

Aufspulen

Die Anordnung der Teile zum Aufwickeln des Unterfadens auf die Spule ist von Maschine zu Maschine etwas unterschiedlich, aber das Prinzip ist immer gleich. Hier siehst du, wie es gemacht wird. Benutze immer die Spulen, die du mit der Maschine gekauft hast. Wenn du neue kaufst, achte darauf, dass sie zu deiner Nähmaschine passen.

1. Setze die Garnrolle auf den Garnhalter.

2. Lege den Faden um die Führungsrolle.

3. Ziehe das Ende des Fadens durch das kleine Loch in der Spule.

4. Setze die leere Spule auf den Spulenhalter.

Gleichmäßig! Wickle die Spule gleichmäßig auf. Sie soll nicht zu voll sein, sonst können beim Nähen Schlaufen oder ungleichmäßige Stiche entstehen.

ACHTUNG: Bei manchen Maschinen lassen sich Handrad und Nadel nur bewegen, wenn der Spulenhalter in der richtigen Position steht.

1 Drücke den Spulenhalter an den Stopper, bis er einrastet.

2 Halte das Ende des Fadens fest. Erst loslassen, wenn die Spule etwas gefüllt ist.

3 Wenn die Spule voll ist und sich nicht mehr dreht, drücke sie vom Stopper weg.

Die Spule abnehmen und die Fäden abschneiden.

LOS: Drücke mit dem Fuß auf das Pedal.

STOPP: Nimm den Fuß vom Pedal.

Spule einlegen von vorn

Bei manchen Maschinen muss die Spule in eine Kapsel gelegt werden, bevor sie eingesetzt werden kann.

1 Setze die Spule in die Kapsel und ziehe den Faden seitlich heraus.

2 Klappe den Hebel beim Einsetzen der Kapsel hoch.

3 Setze die Spulenkapsel in die Maschine ein.

Schließe die Klappe vor dem Spulengehäuse.

4 Drehe am Handrad, bis die Nadel ganz unten ist.

5 Halte den Oberfaden dabei fest.

Beim Bewegen der Nadel legt sich der Oberfaden um den Unterfaden und holt ihn nach oben. Ziehe ihn mit einer Stricknadel unter dem Nähfuß hervor.

6 Ziehe beide Fäden schräg nach hinten unter dem Nähfuß heraus. Nun kannst du nähen.

Spule einlegen von oben

Bei manchen Maschinen wird die Spule ohne Kapsel von oben eingelegt.

1 Setze die Spule in die Maschine und lege den Faden in die richtige Position.

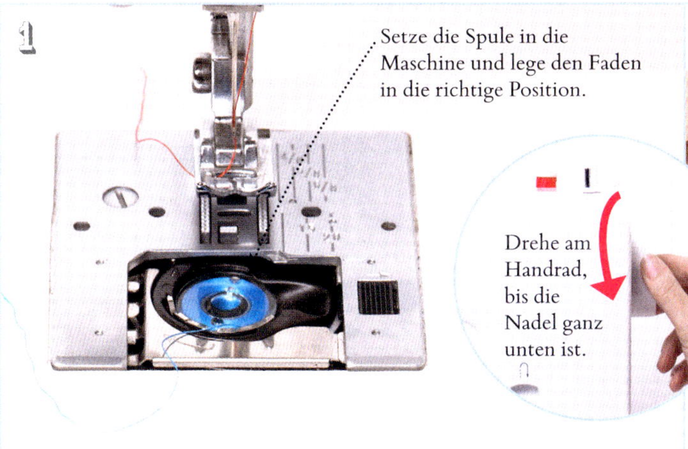

Drehe am Handrad, bis die Nadel ganz unten ist.

2 Halte dabei den Oberfaden gut fest.

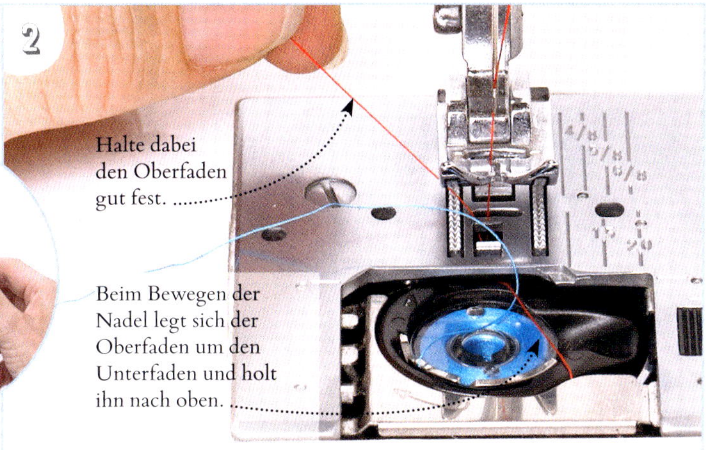

Beim Bewegen der Nadel legt sich der Oberfaden um den Unterfaden und holt ihn nach oben.

3 Wenn du am Oberfaden ziehst, kannst du eine Schlaufe unter dem Nähfuß sehen.

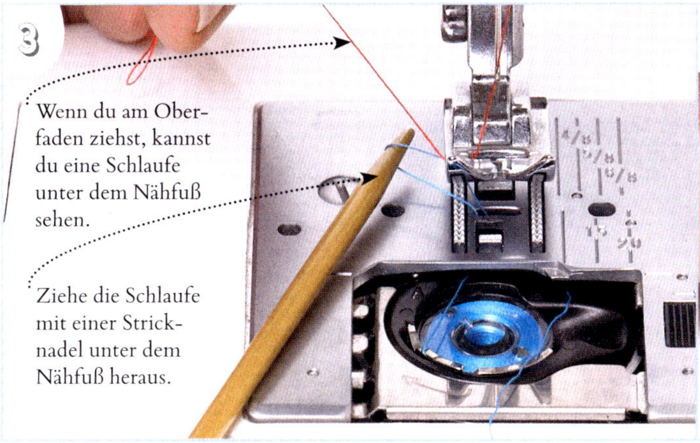

Ziehe die Schlaufe mit einer Stricknadel unter dem Nähfuß heraus.

4 Ziehe beide Fäden schräg nach hinten unter dem Nähfuß heraus. Nun kannst du nähen.

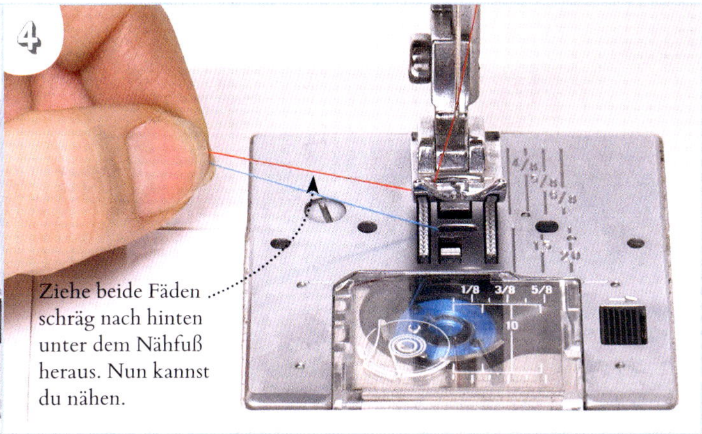

Es kann losgehen

Deine Nähmaschine ist vorbereitet, nun kannst du beginnen. Hier lernst du Techniken, die du für die Projekte in diesem Buch brauchst: Anfang und Ende einer Naht, Steppstich, Rückwärtsstich und das Nähen von Ecken. Starte am besten mit einer Probefahrt.

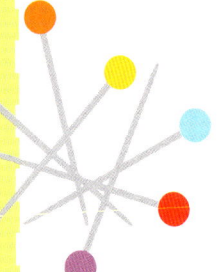

Checkliste
vor dem Start ...

1 Stecker in der Steckdose, Maschine eingeschaltet.

2 Ober- und Unterfaden richtig eingefädelt.

3 Stich eingestellt, alle Materialien bereitgelegt.

4 Ober- und Unterfaden lang genug herausgezogen.

5 Richtige Sitzhaltung

Richtig sitzen

Stelle die Nähmaschine auf einen stabilen Tisch, der nicht zu hoch und nicht zu tief für dich ist. Lege das Pedal so auf den Boden, dass du es bequem erreichen kannst.

Hand-haltung

Die Hände bilden ein Dreieck. Halte Abstand zur Nadel!

Anhalten und Stoff herausnehmen

• Nimm den Fuß vom Pedal, damit die Maschine nicht versehentlich losnäht.

• Drehe am Rad, bis die Nadel oben steht. Du kannst den Stoff nicht wegnehmen, wenn sie noch darin steckt.

• Schneide die Fäden dicht am Stoff ab. Lass an der Maschine lange Enden hängen, damit du die Fäden nicht neu einfädeln musst.

Anhalten: Nimm den Fuß vom Pedal.

Den Nähfuß anheben.

Die Nadel nach oben drehen.

Die ersten Stiche

Nähfuß und Nadel heben

Den Nähfuß anheben.

Am Handrad drehen, bis die Nadel oben steht.

ACHTUNG: Ziehe beide Fäden lang heraus und lege sie nach hinten. Beide Fäden müssen unter dem Nähfuß liegen.

Stoff einlegen

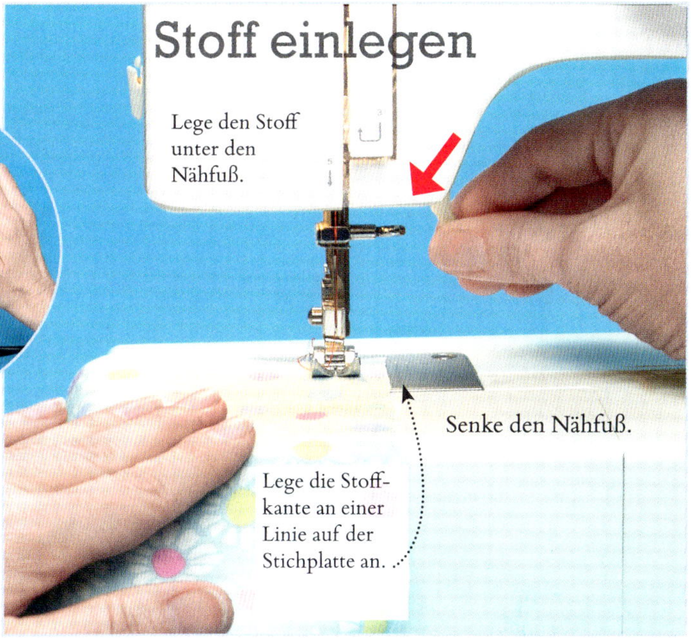

Lege den Stoff unter den Nähfuß.

Senke den Nähfuß.

Lege die Stoffkante an einer Linie auf der Stichplatte an.

Start ...

Tritt vorsichtig auf das Pedal.

Nähe langsam und mit gleichmäßiger Geschwindigkeit.

Führe den Stoff mit den Händen. Aber nicht ziehen oder schieben, sonst werden die Stiche ungleichmäßig und die Nadel kann abbrechen.

... Stopp

Nimm zum Anhalten den Fuß vom Pedal.

③ Nimm den Stoff unter dem Nähfuß heraus.

TIPP: Drehe dabei am Handrad, damit sich der Faden lockert. Dann geht es einfacher.

Ziehe den Stoff seitlich von der Maschine weg und schneide die Fäden nahe am Stoff ab.

Lass Ober- und Unterfaden lang hängen. Wenn sie herausrutschen, müssen sie neu eingefädelt werden.

Stepp-stich

Dieser einfache Maschinen-stich wird für fast alle Näh-arbeiten gebraucht. Mit etwas Übung werden dir schöne, schnurgerade Nähte gelingen.

TIPPS: Gerade Linien nähen

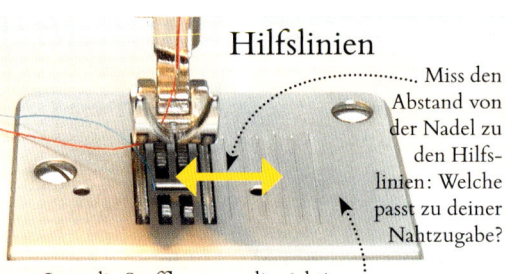

Hilfslinien

Miss den Abstand von der Nadel zu den Hilfs-linien: Welche passt zu deiner Nahtzugabe?

Lege die Stoffkante an die richtige Hilfslinie auf der Stichplatte.

Rückwärts nähen

Damit sich Anfang und Ende einer Naht nicht lösen, werden sie mit einigen Rückwärtsstichen verriegelt.

Führe den Stoff mit der linken Hand.

Drücke den Rückwärts-Schalter mit der rechten Hand.

Rückwärts-stiche

Steppstich

Rückwärts-stiche

1 Nähe zuerst einige Stiche VORWÄRTS.

2 Drücke den Rückwärtsschalter und tritt auf das Pedal. Nähe einige Stiche RÜCK-WÄRTS. Lass den Schalter wieder los.

3 Nähe VORWÄRTS weiter bis zum Ende der Naht.

4 Drücke den Schalter, nähe einige Stiche RÜCKWÄRTS und lass den Schalter wieder los.

5 Nähe die letz-ten Stiche bis zur Stoffkante VORWÄRTS.

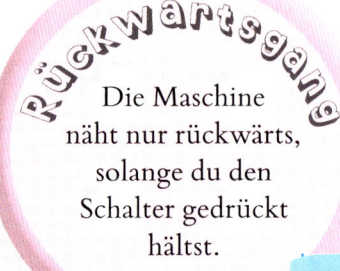

Rückwärtsgang
Die Maschine näht nur rückwärts, solange du den Schalter gedrückt hältst.

Übe auf gestreiftem Stoff

Versuche, genau auf den Linien der Streifen zu nähen.

Hilfslinie mit Klebeband

Klebeband ist besser zu sehen als die dünnen Linien auf der Stichplatte.

Lege den Stoff am Klebeband an und nähe eine gerade Linie.

Ecken

Saubere, spitze Ecken gelingen leicht, wenn du die Nadel einstichst, den Nähfuß anhebst und den Stoff um die Nadel drehst. Solche Ecken müssen nicht rechtwinklig sein (wie in diesem Beispiel).

Die Nadel einstechen und den Stoff um die Nadel drehen.

1 Nähe VORWÄRTS bis zur Ecke, aber nicht bis zur Stoffkante. Die Nadel in den Stoff einstechen.

2 Den Nähfuß ANHEBEN.

3 Den Stoff um die Nadel DREHEN, bis er in die richtige Richtung zeigt.

4 Die neue Stoffkante muss an derselben Hilfslinie auf der Stichplatte anliegen, an der du die vorige Stoffkante geführt hast.

5 SENKE den Nähfuß und nähe weiter.

6 Kommt noch eine Ecke? Dann WIEDERHOLE diesen Vorgang.

Probefahrt

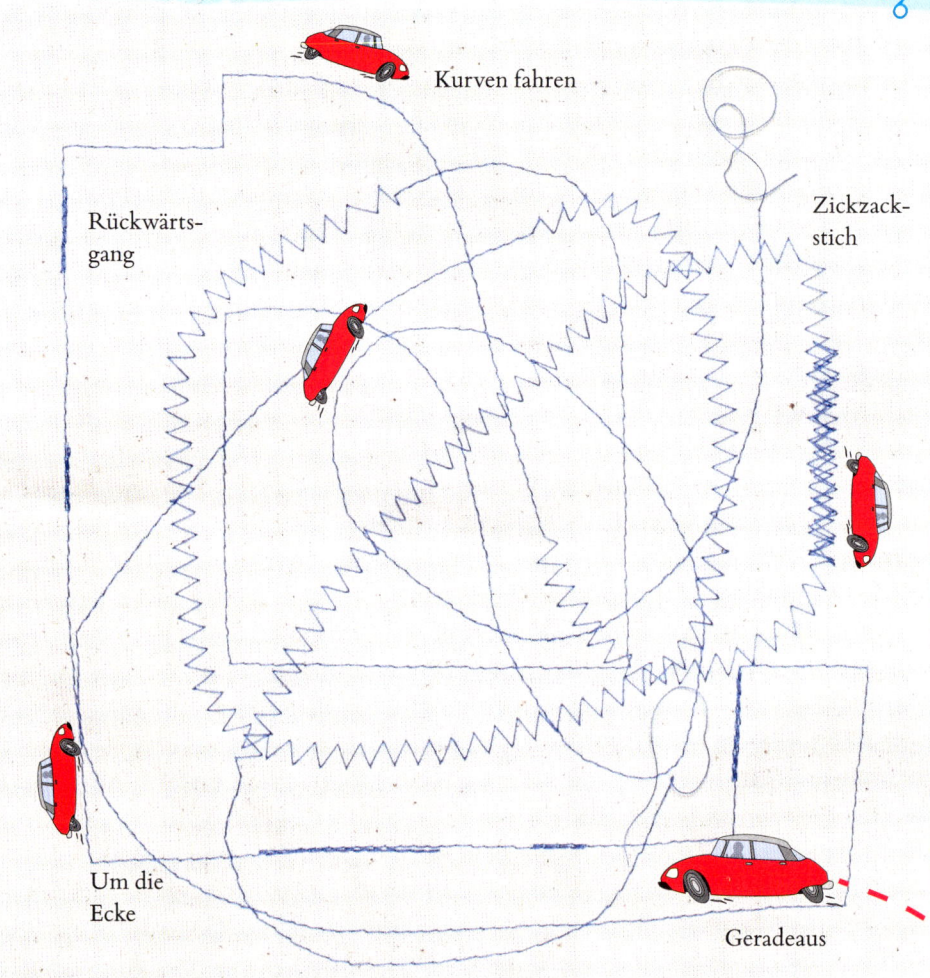

Kurven fahren

Rückwärts-
gang

Zickzack-
stich

Um die
Ecke

Geradeaus

Testlauf!

Probiere alles, was du bisher gelernt hast, mit deiner Nähmaschine aus.

TIPP: Beim „Steuern" darfst du den Stoff nicht ziehen oder schieben, sonst kann die Nadel ver- biegen oder abbrechen.

Du brauchst:

• Stoffreste aus Baumwolle
• Nähzubehör (S. 27-32)

Los geht's:

1. Schalte die Maschine ein. Fädle Ober- und Unterfaden richtig ein.
2. Drehe die Nadel nach oben und hebe den Nähfuß an.
3. Lege den Stoff unter den Fuß.
4. Senke den Nähfuß.
5. Lege deine Hände auf den Stoff.
6. Setze den Fuß auf das Pedal. Nun kannst du starten.

⚠ Nicht zu schnell!

Drücke das Pedal mit dem Fuß vorsichtig herab. Starte zuerst ganz langsam.

Nimm zum Anhalten den Fuß vom Pedal.

Achtung: Sei kein Rennfahrer!

Um die Ecke

1. Nähe bis zur Ecke.
Halte dort an.
2. Die Nadel muss im Stoff
stecken.
3. Hebe den Nähfuß an.
4. Drehe den Stoff um die Nadel.
5. Senke den Nähfuß und nähe
weiter.

Die Nadel
in den Stoff
einstechen.

Den Stoff um die
Nadel drehen …

… und weiter nähen.

Den Stich wechseln

1. Halte an.
2. Drehe die Nadel aus
dem Stoff HERAUS.
3. Stelle am Rad den
neuen Stich ein.
4. Nähe weiter.

ACHTUNG: Beim
Wechseln des Stichs darf
die Nadel NIEMALS im
Stoff stecken.

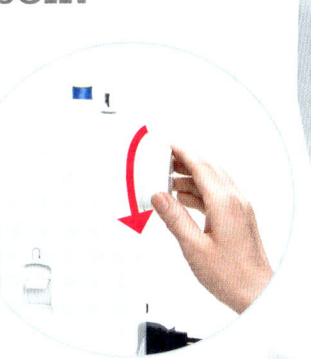

Rückwärts

1. Halte in der Vorwärtsnaht an.
2. Drücke den Rückwärtsschalter.
3. Führe gleichzeitig den Stoff mit
deiner freien Hand.
4. Nähe einige Stiche rückwärts.
5. Lass den Schalter los. Die Maschine
näht wieder vorwärts.

ACHTUNG: Die
Maschine näht nur
so lange rückwärts,
wie du den Schalter
gedrückt hältst.

Beim Rückwärts-
nähen den Stoff
vorsichtig führen.

Den Rück-
wärtsschalter
drücken.

Fertig? Den
Stoff heraus-
nehmen

1. Nimm den Fuß vom Pedal.
2. Hebe den Nähfuß an.
3. Drehe am Handrad, bis die
Nadel nicht mehr im Stoff steckt.
4. Ziehe den Stoff vorsichtig
unter der Maschine heraus.
5. Schneide die Fäden dicht am
Stoff ab.

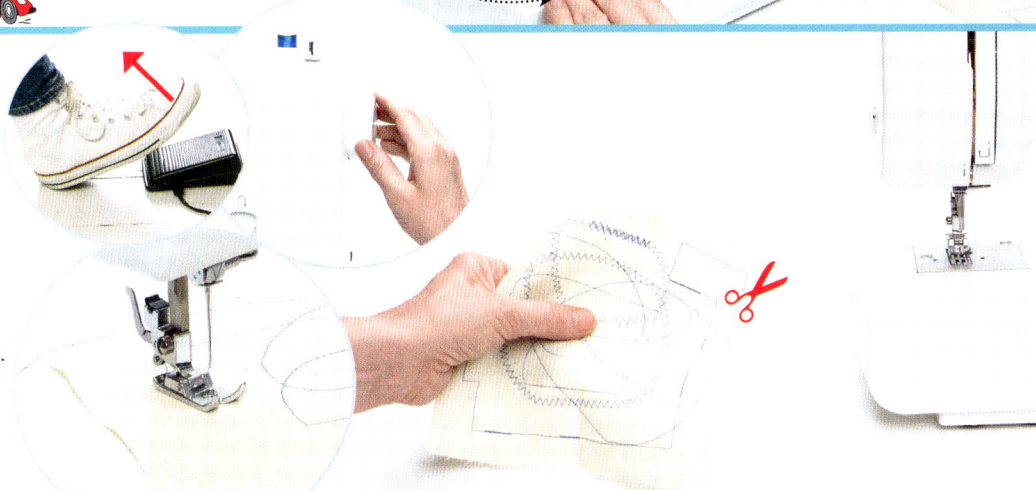

Nähtipps & Pannenhilfe

Es ist ärgerlich, wenn die Nähmaschine nicht richtig funktioniert. Hier erfährst du, wie du Schwierigkeiten vermeiden und typische Probleme lösen kannst.

Strom aus

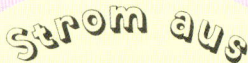

So musst du vorgehen, wenn etwas nicht richtig klappt:
1. Nimm den Fuß vom Pedal, um anzuhalten.
2. Schalte die Maschine aus.
3. Versuche herauszufinden, wo das Problem liegt.
4. Schau im Handbuch nach.

Probleme vermeiden

• **NICHT AM STOFF ZIEHEN:** Die Transportzähnchen bewegen den Stoff vorwärts. Du brauchst ihn mit den Händen nur zu führen. Nicht ziehen, sonst werden die Stiche ungleichmäßig oder die Nadel bricht ab.

• **NADEL UND NÄHFUSS HEBEN:** Das musst du immer tun, wenn du den Stoff herausnimmst oder einen anderen Stich einstellst – sonst kann die Nadel abbrechen. Auch zum Einfädeln musst du die Nadel anheben.

• **RICHTIG EINFÄDELN:** Führe den Faden richtig durch alle Ösen und Führungen. Fädle ihn von der richtigen Seite in die Nadel ein.

• **FÄDEN NICHT ZU KURZ:** Lass die Fäden an der Maschine etwa 10 cm lang hängen. Wenn sie zu kurz sind, rutschen sie beim Starten leicht heraus und du muss sie neu einfädeln.

• **VORBEREITEN:** Bereite den Stoff so vor, wie es in der Anleitung erklärt ist. Lege ihn so unter den Nähfuß, dass die Nahtzugabe die richtige Breite hat.

Drehe das Handrad zu dir hin, um die Nadel ohne Motorkraft zu bewegen.

Das Handrad

Hauptsächlich brauchst du das Handrad, um die Nadel anzuheben, damit du Stoff unter den Fuß legen oder herausnehmen kannst. Es ist aber auch nützlich …
• wenn der Stoff nur ganz langsam unter dem Nähfuß transportiert werden soll, z. B. am Nahtanfang.
• wenn sich der Stoff nach dem Nähen nur schwer unter der Maschine herausziehen lässt. Drehe am Rad, dann bewegen sich die Transportzähnchen und die Fäden lockern sich.

Probleme lösen

Schau bei Schwierigkeiten immer im Handbuch deiner Maschine nach, was du tun kannst.

• **UNSAUBERE STICHE:** Meist liegt es daran, dass Oberfaden und Unterfaden ungleichmäßig stramm sind. Wenn einer der Fäden Schlaufen bildet, die auf der anderen Stoffseite zu sehen sind, muss die Fadenspannung anders eingestellt werden.

• **STOFF IST VERKLEMMT:** Schalte die Nähmaschine aus, hebe den Nähfuß an und drehe am Handrad, bis die Nadel oben steht. Schneide unter dem Stoff die Fäden durch, die sich in den Transportzähnchen verhakt haben. Nimm die Spule (und die Kapsel) heraus und säubere den Bereich unter der Stichplatte. Vielleicht musst du die Platte dafür herausnehmen. Wie das gemacht wird, kannst du im Handbuch nachlesen.

• **NADEL IST ABGEBROCHEN:** Das kann passieren, wenn du versehentlich über eine Stecknadel nähst oder vergisst, die Nadel aus dem Stoff zu nehmen. Achte darauf, den richtigen Nadeltyp für deine Nähmaschine und deinen Stoff zu verwenden.

Außer deiner Nähmaschine
brauchst du noch einige

Näh-
utensilien

Für deine Nähabenteuer
müssen Nähkasten, Schere, Lineal, Bleistift,
Filzstifte, Schneiderkreide, Garn, Stoff und
Zubehör wie Borten oder Knöpfe immer
griffbereit sein.

Vergiss das Nadelkissen nicht

Der Nähkasten

Für jede Näharbeit brauchst du bestimmte Werkzeuge, die du am besten in einem Kasten aufbewahrst. Denke auch an eine Schere zum Zuschneiden von Stoff.

Zum Nähen
mit der Hand

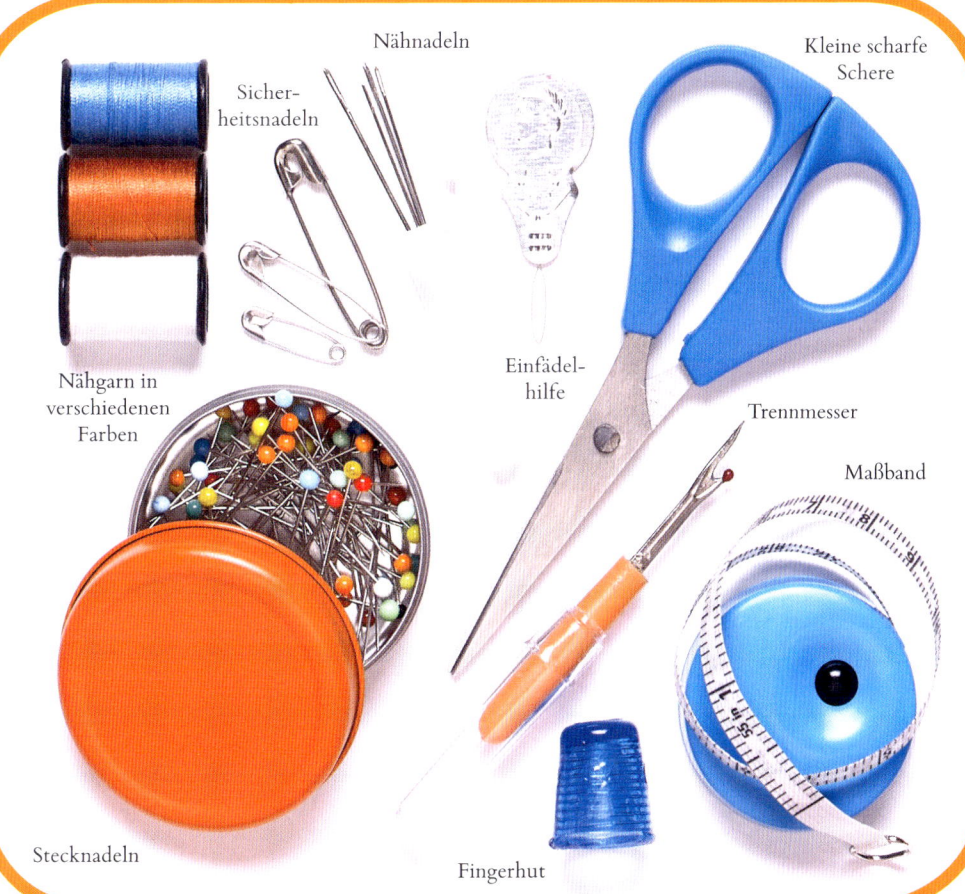

Nähnadeln

Kleine scharfe Schere

Sicherheitsnadeln

Einfädelhilfe

Trennmesser

Maßband

Nähgarn in verschiedenen Farben

Stecknadeln

Fingerhut

Auf den nächsten Seiten lernst du andere nützliche Werkzeuge zum Nähen kennen.

Du brauchst:
Am Anfang jeder Anleitung steht eine Liste mit allen Werkzeugen und Materialien. Auch der Nähkasten muss immer griffbereit sein.

Praktische Hilfsmittel

Lineal

Außer einem weichen Maßband brauchst du ein starres, langes Lineal. Damit kannst du Stoff messen und Vorlagen zeichnen.

Schere

Schneide nie Papier mit deiner Stoffschere, sonst wird sie sehr schnell stumpf.

Große, scharfe Schere für Stoff

Maße

Halte die Maßangaben, die du in den Anleitungen findest, genau ein. Auf Seite 39 wird erklärt, wie du mit einem Lineal und einem Winkel größere Stoffstücke zuschneiden kannst.

Wichtig!

Zweimal messen, einmal schneiden.

Papier-schere

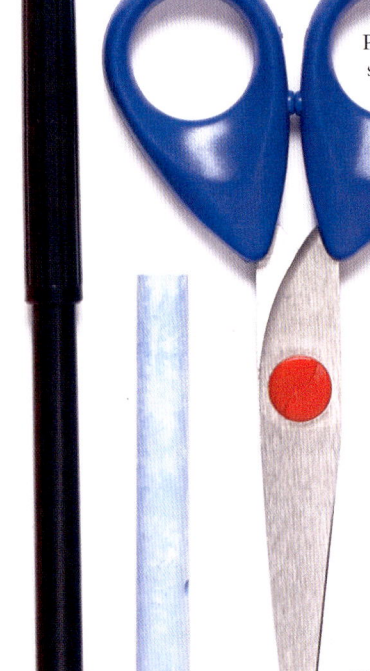

Bleistift   Filzstift   Kreide

Zum Zeichnen

STIFTE: Für Vorlagen und Schnittmuster
KREIDE: Zum Zeichnen auf dem Stoff. Wenn du keine Schneiderkreide hast, kannst du gewöhnliche Schulkreide benutzen.

Zackenschere

Die Klingen dieser Scheren sind so geschliffen, dass ihre Schnitte Zickzack-Kanten haben. Das sieht hübsch aus (S. 58) und verhindert, dass die Stoffkanten ausfransen.

Zickzack-klingen

Bügeleisen

Glatter Stoff lässt sich meistens besser nähen. ACHTUNG! Bügle auf einem Bügelbrett. Nicht nur das Bügeleisen ist sehr heiß, sondern auch der Dampf! Lass dir helfen, wenn du noch nie gebügelt hast.

Spulen

Auf eine Spule wird der Unterfaden gewickelt. Neuen Maschinen liegen einige Spulen bei. Kaufe dir einige vom gleichen Typ in Reserve.

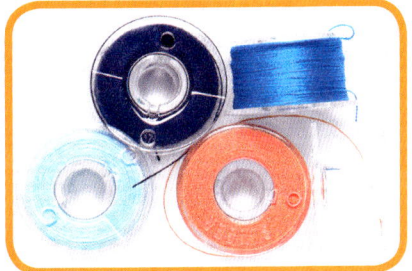

Garne

Universal-Nähgarn eignet sich für fast alle Arbeiten. Kaufe mehrere Rollen in verschiedenen Farben, die zu deinen Stoffen passen.

Nähmaschine

Zu deiner Nähmaschine gehören einige Werkzeuge, mit denen du sie reinigen kannst, außerdem Nadeln und verschiedene Nähfüße. Schaffe dir leere Spulen an, auf die du Garn in verschiedenen Farben wickelst.

Stoffe

Es gibt viele verschiedene Stoffe – von feiner Seide bis zu steifem Segeltuch. Hier siehst du Stoffe, die sich für viele Zwecke eignen.

Baumwolle

Aus dünnem Baumwollstoff werden Blusen und Sommerkleider genäht. Es gibt ihn in unzähligen Farben und Mustern, und er eignet sich auch gut zum Basteln.

Ausgefranst

Baumwollstoff ist gewebt. Er besteht aus vielen Fäden, die einander kreuzen. Schneidet man ihn durch, lösen sich Fäden und die Kanten fransen aus. Nimm eine Zackenschere, um das zu vermeiden.

Streifenstoff aus Fäden in verschiedenen Farben

Weißer Baumwollstoff, mit Rot bedruckt

Einfarbig

Gewebtes Karomuster (Vichy-Karo)

Stoff kaufen

Stoffe kannst du dir in Handarbeitsgeschäften und Kaufhäusern besorgen. Sie werden als Meterware in verschiedenen Breiten angeboten. Es gibt auch fertig zugeschnittene kleinere Stoffstücke für Patchwork. Du kannst auch Stoff von zu klein gewordenen Kleidern oder alter Bettwäsche verarbeiten.

Weißer Stoff mit buntem Druckmuster

Weißer Baumwollstoff, mit Orange bedruckt. Nur die Punkte sind noch weiß.

Filz

Das Tolle an Filz ist, dass er nicht ausfranst. Weil er aber recht dick ist, lässt er sich nicht so leicht mit der Maschine nähen. Allerdings eignet er sich gut für Verzierungen, die zum Schluss befestigt werden.

Nessel

Nessel ist immer cremeweiß.

Weil Nessel sehr wenig kostet, eignet er sich prima zum Üben. Er ist etwas dicker als andere Baumwollstoffe, darum kannst du ihn als Futter verwenden, um bunten Baumwollstoff steifer zu machen (S. 98).

Stoff unter der Lupe

Die verschiedenen Teile eines Stoffs
haben bestimmte Namen, die du in
vielen Anleitungen finden wirst.
Hier kannst du sie kennen lernen.

Schnittkante – hier
wurde der Stoff
abgeschnitten. Sie
franst leicht aus. ......

Webkante – sie liegt
am Rand des Stoffs und
franst nicht aus. .

Rechte Seite oben

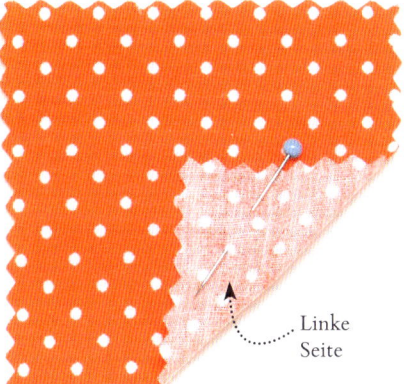

Linke
Seite

Linke Seite oben

Rechte
Seite

Rechte und linke Seite

Bei bedrucktem Baumwoll-
stoff ist die rechte Seite gut zu
erkennen: Sie ist dunkler und
das Muster ist deutlicher. Bei
einfarbigem Stoff sind rechte
und linke Seite schwerer zu
unterscheiden.

Links auf links

In diesem Fall liegen
die beiden linken
Seiten (Rückseiten) der
Stoffstücke aufeinan-
der, wie bei diesem
Beutel. Beim Zusam-
mennähen der Kanten
siehst du die rechte
Stoffseite.

Die Nähte
sind außen
zu sehen. ..

Kleine Beutel
(S. 58)

Rechts auf rechts

Meistens legt man beim
Nähen die rechten Seiten
beider Stoffe aufeinander.
Nach dem Nähen wird die
Arbeit gewendet. Dann
liegt die gemusterte
Seite des Stoffs
außen und die
Nähte sind
im Inneren
versteckt.

Die Nähte
liegen jetzt
innen.

Hasen-
familie
(S. 68)

Beim Nähen
siehst du die
linke Stoffseite. ......

Die rechten Stoffseiten
liegen aufeinander. ......

Kleinigkeiten

Knöpfe und Bänder kosten nicht viel, aber sie lassen deine Werke gleich viel hübscher aussehen. Mit fertigen Baumwollbändern kannst du dir die Arbeit erleichtern.

Knöpfe

Hübsch als Verzierung

Band

Schmale Zackenlitze

Pomponborte

Breite Zackenlitze

Bänder und Borten

Diese Verzierungen gibt es in allen Farben, Formen und Breiten. Du kannst sie an Kanten nähen (Kissen, S. 64) oder als witzige Dekoration verwenden (S. 117).

Recycling

Bewahre hübsche Bänder von Blumen und Geschenken auf – auch kleine Reste. Du kannst sie bestimmt einmal gebrauchen.

Baumwollband kannst du als Henkel für eine Tasche (S. 48) oder für eine Girlande (S. 76) verwenden.

Baumwollband

Klettband ist ein praktischer Verschluss, z. B. für das Armbanduhr-Nadelkissen (S. 94).

Füllwatte

Diese weiche Watte aus Polyester ist weich und waschbar. Du brauchst sie zum Ausstopfen von genähten Figuren und kannst sie in Stoff- und Bastelläden kaufen.

Klettband

Schrägband

Das vorgefaltete Band wird zum Einfassen benutzt. Du brauchst es auch für die Wimpelkette auf Seite 77.

Damit dir die Projekte in
diesem Buch gut gelingen:

Wichtige Techniken

Es folgt: Nähen mit der Hand,
Stoffe zusammennähen, Papierschnitte
vorbereiten und als Übungsprojekt
ein weiches Herz.

Nähen mit der Hand

Nicht alles kannst du mit der Maschine nähen. Für Knöpfe oder die letzten Stiche musst du eine Nähnadel in die Hand nehmen.

Nähnadeln

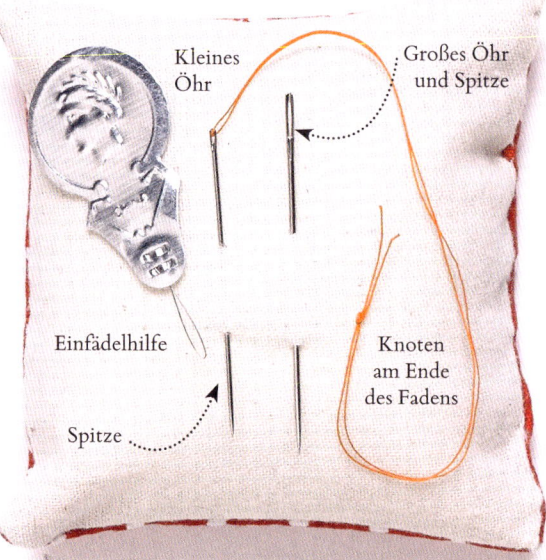

Kleines Öhr

Großes Öhr und Spitze

Einfädelhilfe

Spitze

Knoten am Ende des Fadens

Einfädeln

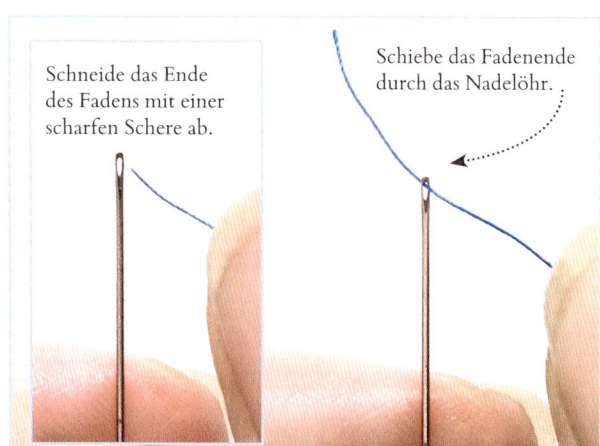

Schneide das Ende des Fadens mit einer scharfen Schere ab.

Schiebe das Fadenende durch das Nadelöhr.

Mit der Einfädelhilfe

1

1. Schiebe die Drahtschlaufe durch das Nadelöhr.

2. Jetzt schiebe das Ende des Fadens durch die Drahtschlaufe.

2

Ziehe die Drahtschlaufe mit dem Faden wieder zurück durch das Nadelöhr.

3

Nimm die Einfädelhilfe ab.

Wie lang muss der Faden sein?

Wenn der Faden zu lang ist, verheddert er sich beim Nähen. Er sollte etwa so lang sein wie der Abstand zwischen deinen Fingerspitzen und deinem Ellenbogen.

So lang wie dieser Faden: perfekt.

Stiche

Manche Stiche sind praktisch und stabil, andere brauchst du hauptsächlich zur Verzierung.

Anfang und Ende

Binde ins Ende deines Fadens immer einen Knoten, damit es nicht durch den Stoff rutscht. Wenn die Naht fertig ist, nähe noch einen kleinen Stich, aber ziehe ihn nicht fest. Schiebe die Nadel durch die kleine Schlaufe. Dann ziehe sie zu. Wiederhole dies noch einmal an derselben Stelle, dann schneide den Faden ab.

Vorstich

Diesen Stich brauchst du zum Zusammennähen und als Verzierung. Er ähnelt dem Heftstich (S. 36).

Die Stiche und ihre Abstände sollen ganz gleichmäßig sein.

Überwendlicher Stich

Diese kleinen, gleichmäßigen Stiche sieht man kaum. Mit ihnen kannst du zwei versäuberte Stoffkanten zusammennähen.

Stich die Nadel von hinten etwas schräg durch beide Stoffkanten.

Blindstich

Mit diesem Stich werden zwei Stoffkanten fast unsichtbar zusammengenäht, z.B. an Öffnungen.

Schiebe die Nadel in die gefaltete Stoffkante.

Stich heraus und schiebe die Nadel in die gefaltete Kante des anderen Stoffteils.

Einen Knopf annähen

1 Stich von der Rückseite durch den Stoff. Durch den Knoten ist der Faden am Stoff befestigt. Fädle den Knopf auf.

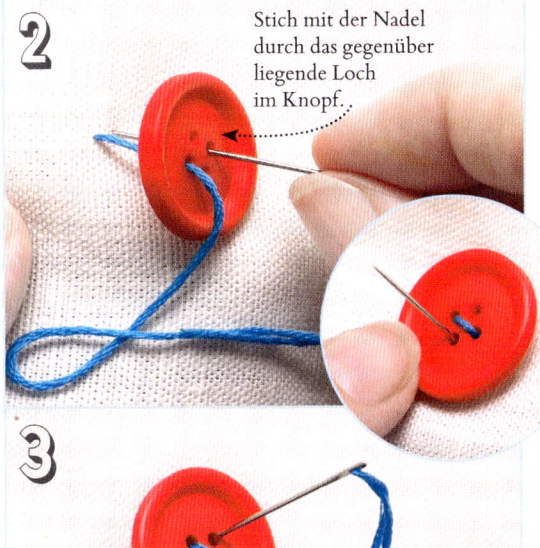

2 Stich mit der Nadel durch das gegenüber liegende Loch im Knopf.

3 Stich mehrmals von oben und von unten durch Knopf und Stoff.

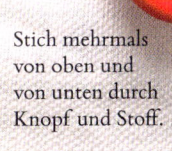

4 1. Zuletzt mit der Nadel zwischen Stoff und Knopf herauskommen.

2. Unter dem Knopf hin und her nähen, dann den Faden abschneiden.

Stoffe zusammennähen

Was ist eine Naht? Eine Naht besteht aus Stichen, die zwei Stoffe zusammenhalten. Meist liegt sie nahe an den Stoffkanten. Der Abstand zwischen der Naht und der Stoffkante ist die Nahtzugabe.

Zuerst zusammenstecken

Stecknadeln entlang der Stoffkanten

Stich die Nadelspitze durch beide Stofflagen nach unten und ein Stück weiter vorn wieder nach oben.

Bei manchen Modellen wie der Puppe auf Seite 91 ist es besser, die Nadeln rechtwinklig zur Stoffkante einzustechen.

So geht es auch: rechtwinklig zur Stoffkante.

Zuerst werden die Stoffstücke mit Stecknadeln zusammengehalten. Dann kannst du nähen und die Nadeln zwischendurch herausziehen. Du kannst auch vorher heften (siehe unten).

Heften

Stecknadeln nach und nach herausziehen.

Knoten im Faden

Heftstiche halten Stoffe oder Verzierungen vorübergehend fest, bis sie richtig angenäht sind. Dann werden die Heftfäden herausgezogen.

Am Ende den Faden nicht verknoten, sondern nur abschneiden. So lässt er sich später leichter herausziehen.

Nimm Garn in einer Farbe, die sich gut von deinem Stoff abhebt.

Endgültig nähen

Nähe jetzt langsam mit der Maschine über die Heftstiche. Denke daran, Anfang und Ende deiner Naht mit einigen Rückwärtsstichen zu verriegeln.

Halte immer den gleichen Abstand zur Stoffkante ein. Das ist die Nahtzugabe.

Heftfäden ziehen

Fasse den Heftfaden am Knoten an und ziehe ihn aus dem Stoff.

ACHTUNG: Wenn du den Heftfaden festgenäht hast, musst du ihn durchschneiden und in mehreren Stücken herausziehen.

Nähte auseinanderbügeln

Bügle die Nahtzugaben auseinander, wenn der Stoff wie ein zusammenhängendes Stück aussehen soll.

Nahtzugaben ausbreiten und bügeln.

⚠ VORSICHT, heiss! Lass dir beim Bügeln helfen.

Eine Naht auftrennen

Mit dem Trennmesser kannst du die einzelnen Stiche durchschneiden.

Ziehe die Stoffteile auseinander.

Schiebe die Spitze unter den Faden und schneide ihn mit der Klinge in der Beuge des Messers durch.

Linke Seite

Rechte Seite

1 cm

Nahtzugabe
Das ist der Abstand zwischen der Stoffkante und den Stichen deiner Naht. Bei den meisten Projekten in diesem Buch beträgt die Nahtzugabe 1 cm.

Schnittmuster aus Papier

Für die meisten Projekte in diesem Buch brauchst du Schnittmuster aus Papier. Hier erfährst du, wie du solche Vorlagen in der richtigen Form und Größe zuschneidest.

Du brauchst:

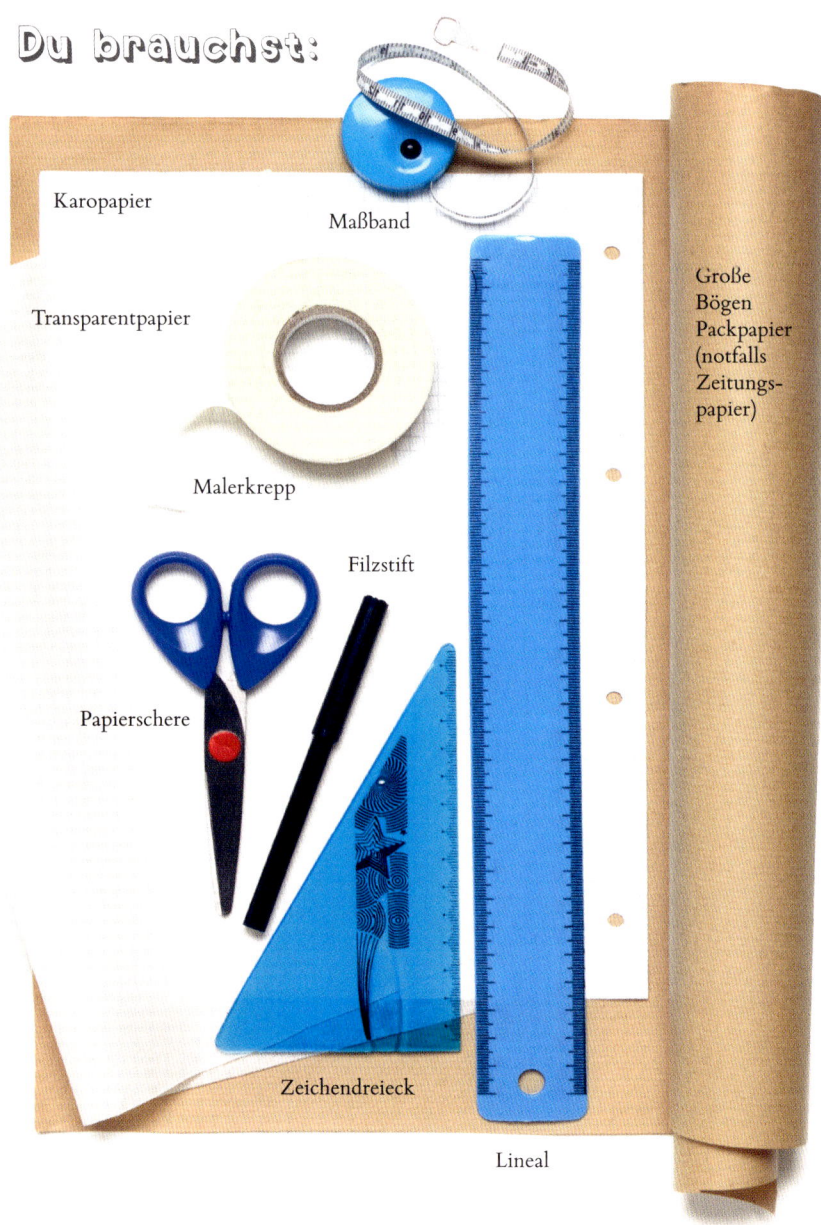

Karopapier

Maßband

Transparentpapier

Malerkrepp

Filzstift

Papierschere

Zeichendreieck

Lineal

Große Bögen Packpapier (notfalls Zeitungspapier)

Quadrat

Ein exaktes Quadrat ist leicht zuzuschneiden. Zeichne die Kantenlänge an zwei rechtwinkligen Kanten des Papiers an. Dann falte es diagonal an den beiden Markierungen und schneide an den Kanten entlang.

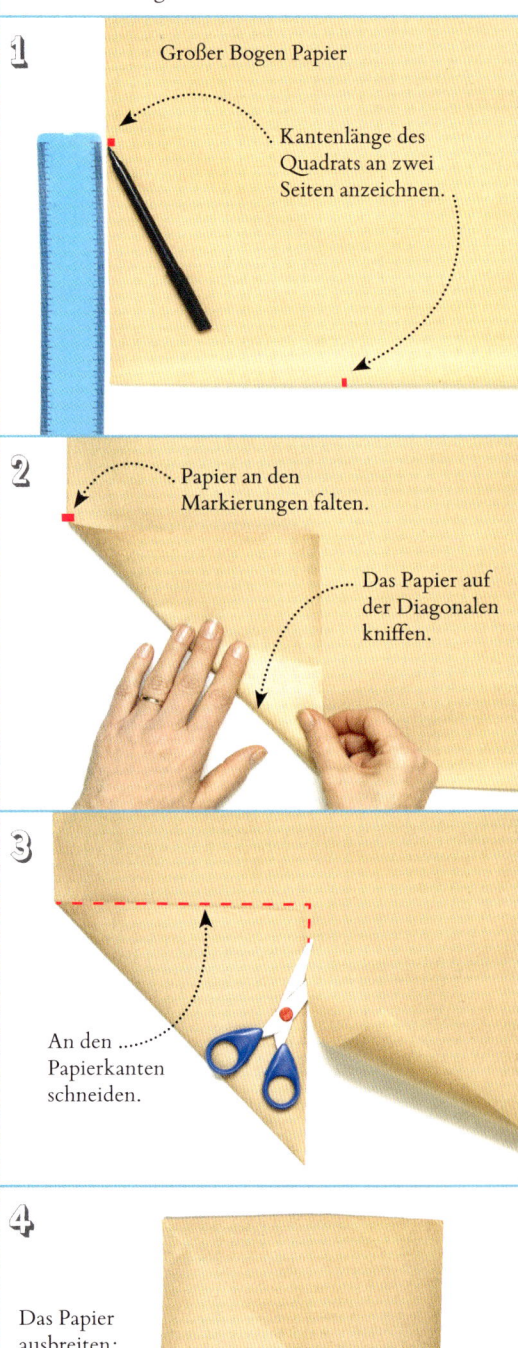

1 Großer Bogen Papier
Kantenlänge des Quadrats an zwei Seiten anzeichnen.

2 Papier an den Markierungen falten.
Das Papier auf der Diagonalen kniffen.

3 An den Papierkanten schneiden.

4 Das Papier ausbreiten: Fertig ist ein Quadrat.

Rechteck

Für ein Rechteck musst du die Höhe und die Breite an den Kanten des Papiers anzeichnen. Mit dem Zeichendreieck gelingen dir Linien, die rechtwinklig zu den Papierkanten stehen.

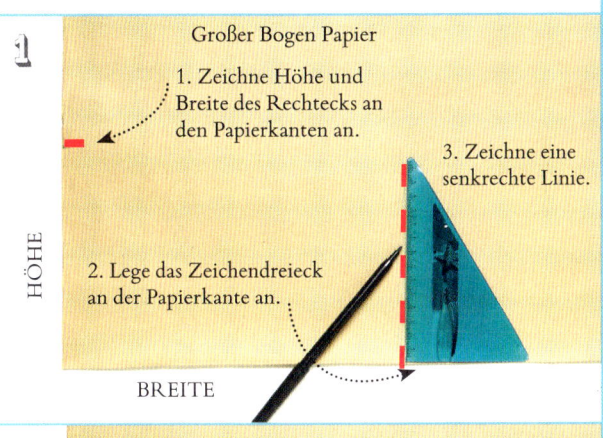

1

Großer Bogen Papier

1. Zeichne Höhe und Breite des Rechtecks an den Papierkanten an.

3. Zeichne eine senkrechte Linie.

2. Lege das Zeichendreieck an der Papierkante an.

HÖHE

BREITE

2

Falls nötig, kannst du die Linie mit einem Lineal verlängern.

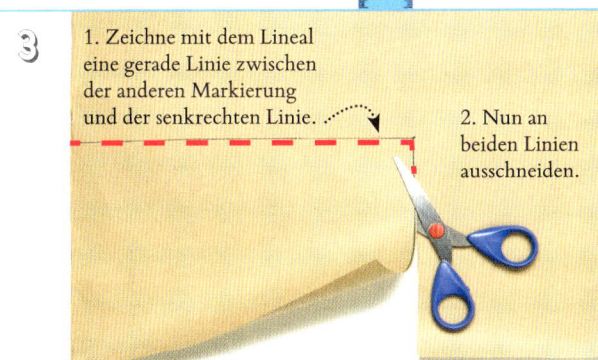

3

1. Zeichne mit dem Lineal eine gerade Linie zwischen der anderen Markierung und der senkrechten Linie.

2. Nun an beiden Linien ausschneiden.

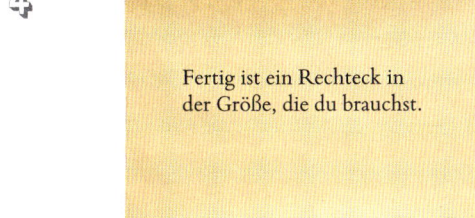

4

Fertig ist ein Rechteck in der Größe, die du brauchst.

Vorlagen übertragen

Für einige Projekte findest du die Vorlagen in diesem Buch. Du kannst sie direkt auf Transparentpapier übertragen, ohne sie zu vergrößern. Nach dem Ausschneiden steckst du die Papiervorlage auf den Stoff.

Malerkrepp hält das Transparentpapier fest.

Pause alle Linien der Vorlage durch.

Mit Karopapier

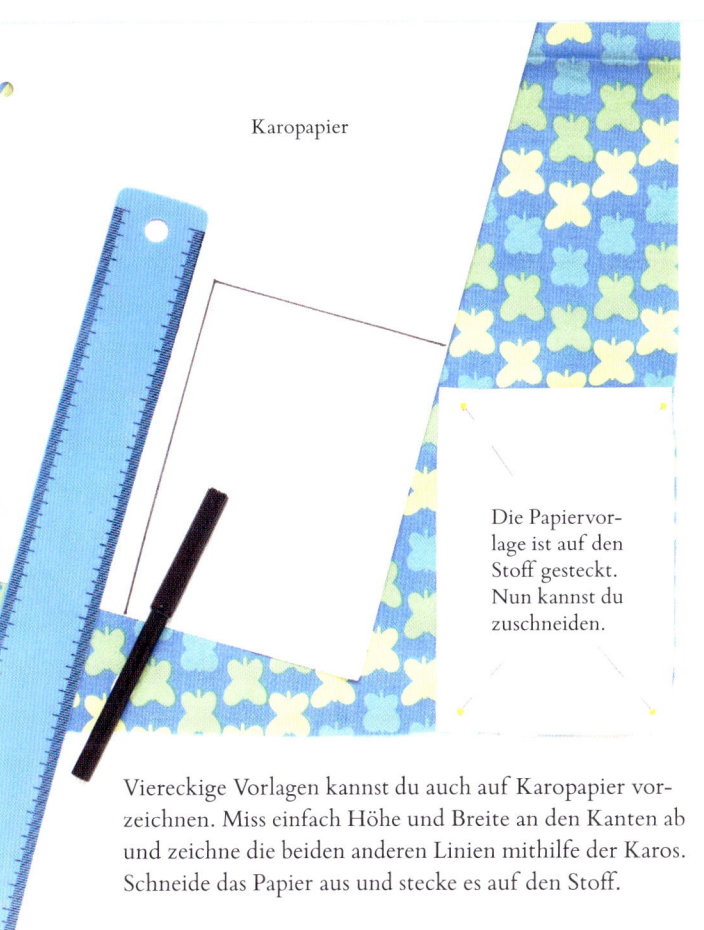

Karopapier

Die Papiervorlage ist auf den Stoff gesteckt. Nun kannst du zuschneiden.

Viereckige Vorlagen kannst du auch auf Karopapier vorzeichnen. Miss einfach Höhe und Breite an den Kanten ab und zeichne die beiden anderen Linien mithilfe der Karos. Schneide das Papier aus und stecke es auf den Stoff.

Weiches Herz

An diesem Mini-Kissen kannst du alle Techniken, die du für die Projekte in diesem Buch brauchst, einmal ausprobieren.

Die Vorlage

Klipse

Nach dem Zusammennähen an den Rundungen Zacken aus der Nahtzugabe heraus-schneiden.

Nach dem Zusam-mennähen auf der gestrichelten Linie einschneiden.

Die Vorlagen haben genau die Form und Größe, in der du den Stoff zuschneiden musst. An der Art der Linien erkennst du, wo geschnitten und wo genäht wird.

Größer oder kleiner?

Möchtest du das Herz in einer anderen Größe nähen? Dann vergrößere oder verkleinere die Vorlage einfach mit einem Fotokopierer. Schneide das Herz aus dem Fotokopierpapier aus und stecke es auf den Stoff.

Schnittlinie

Entlang der durchge-henden Linie wird der Stoff zugeschnitten.

Nahtlinie

Nähe auf der gestrichelten Linie.

Der Abstand zwischen beiden Linien ist die Nahtzugabe – 1 cm.

Nach dem Zusammennähen auf dieser Linie abschneiden.

ENDE der Naht

Öffnung

Zwischen den Punkten offen lassen, damit du das Herz ausstopfen kannst.

ANFANG der Naht

1 Die Papiervorlage zuschneiden

Klebe Transparentpapier über die Vorlage auf der Buchseite.

Pause alle Linien durch.

Schneide die Form aus Papier aus.

2 Auf den Stoff stecken und ausschneiden

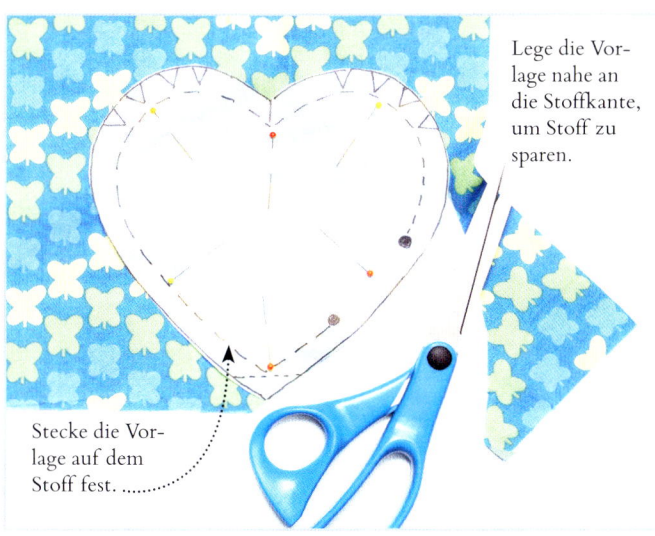

Lege die Vorlage nahe an die Stoffkante, um Stoff zu sparen.

Stecke die Vorlage auf dem Stoff fest.

Schneide die Form sorgfältig aus. Wiederhole den Vorgang mit dem zweiten Stoffstück.

TIPP

Lege beim Schneiden die freie Hand auf das Papier, damit nichts verrutschen kann.

3 Zeichen übertragen

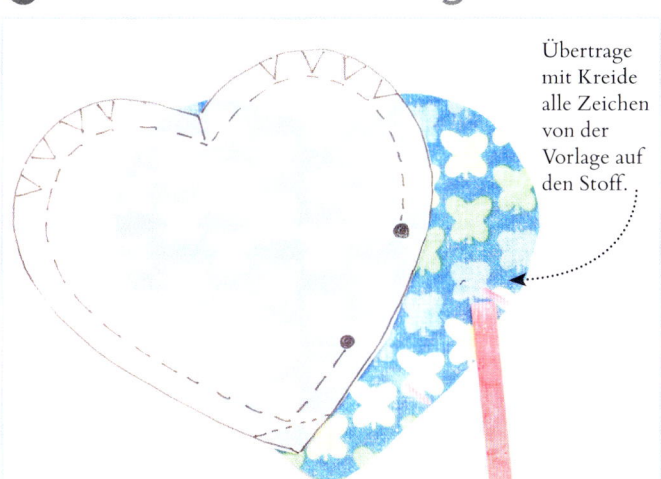

Übertrage mit Kreide alle Zeichen von der Vorlage auf den Stoff.

4 Stoffe zusammenstecken

Stecke die beiden Stoffteile aufeinander.

Die beiden rechten Stoffseiten müssen innen liegen.

5 Zusammennähen

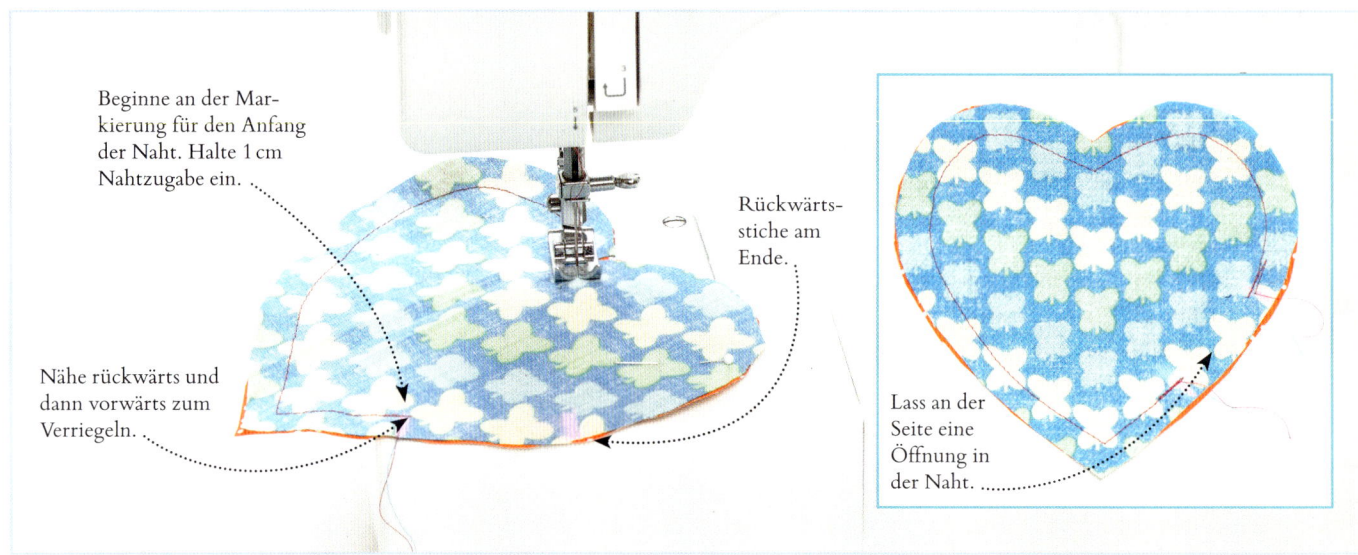

Beginne an der Markierung für den Anfang der Naht. Halte 1 cm Nahtzugabe ein.

Rückwärtsstiche am Ende.

Nähe rückwärts und dann vorwärts zum Verriegeln.

Lass an der Seite eine Öffnung in der Naht.

6 Nahtzugaben beschneiden

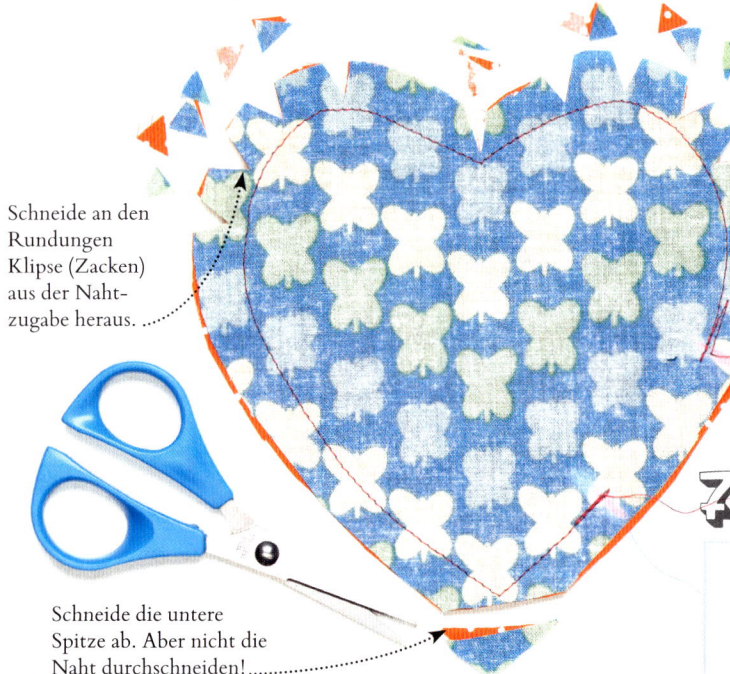

Schneide an den Rundungen Klipse (Zacken) aus der Nahtzugabe heraus.

Schneide die untere Spitze ab. Aber nicht die Naht durchschneiden!

Die Klipse sind auf der Vorlage eingezeichnet.

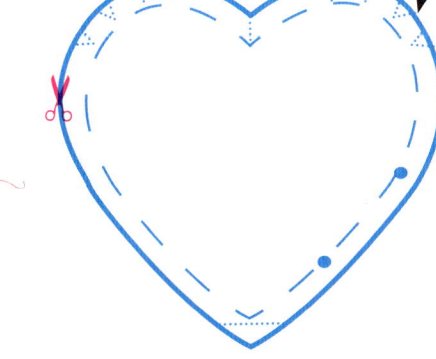

7 Auf rechts wenden

Greife in die Öffnung und kremple das Herz um, sodass die rechte Stoffseite außen liegt.

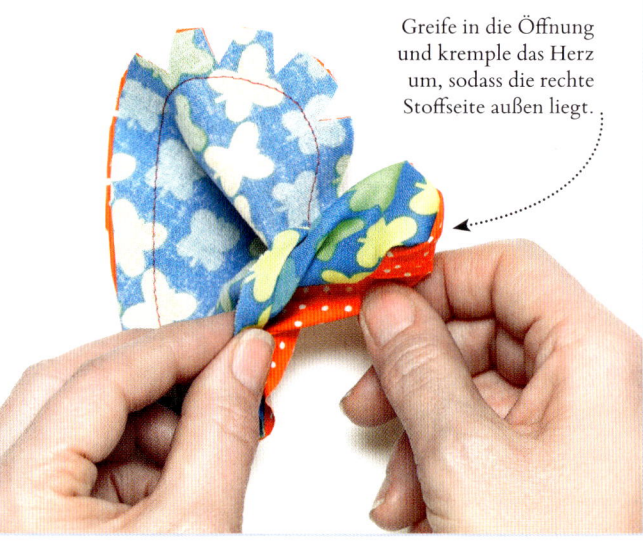

Warum Klipse?

Wenn du keine Klipse aus- und Ecken abschneidest, schiebt sich nach dem Wenden die Nahtzugabe zu einem dicken Wulst zusammen. Das sieht unordentlich aus. Pass auf, dass du nicht die Naht durchschneidest.

Du brauchst:

Stricknadel

Du brauchst eine Stricknadel oder einen stumpfen Bleistift zum Herausdrücken der Spitze.

Füllwatte

Füllwatte aus Polyester wird zum Ausstopfen benutzt. Du kannst sie in Stoff- und Bastelgeschäften kaufen.

8 In Form bringen

Nimm eine Stricknadel.

Drücke die Spitze am unteren Ende sorgfältig heraus.

Die Öffnung liegt nun an einer Seite.

9 Ausstopfen

Zupfe eine kleine Handvoll Watte ab und schiebe sie durch die Öffnung in das Herz.

Stopfe das ganze Herz mit Watte aus. Wichtig ist, dass du die Watte gleichmäßig verteilst.

10 Letzte Schritte

Schlage die Stoffkanten an der Öffnung nach innen ein und stecke sie zusammen.

Nähe die Kanten mit kleinen Blindstichen zusammen (S. 35).

Kunterbunte Ideen zum Nachmachen

Näh dir was!

Mit diesen tollen Projekten
kannst du dein Zimmer verschönern, liebe
Menschen beschenken oder dir selbst eine
Freude machen. Was nähst du als Erstes?

5 Ideen zu einem Geschirrtuch

Keine Angst! Wir waschen nicht ab.
Mit Geschirrtüchern kann man noch viele
andere tolle Sachen machen!

①

②

Jede Menge Ideen

③

1 Tuch =

Was ist so toll an Geschirrtüchern? Sie bestehen aus Baumwolle und können sofort verarbeitet werden, ohne zu messen oder Kanten zu versäubern. Es gibt sie in tollen Farben und Mustern. Viel zu schade, sie nur in der Küche zu verstecken!

④

⑤

No. 1
Tasche

Schneller geht es nicht!
Falte ein Geschirrtuch zur
Hälfte, setze Henkel an, nähe
die Seiten zu, und schon
hast du eine Tasche. Perfekt
für einen Nachmittag im
Schwimmbad.

Du brauchst:

• Geschirrtuch
• 2 Stücke Baumwollband (53 cm lang)
• Nähkasten (S. 27–32)

1

1. Falte das Tuch der Länge nach zur Hälfte, um die Mitte zu finden.

2. Markiere die Mitte mit Kreide.

3. Zeichne die Mitte auch am anderen Ende des Kniffs an.

2

1. Lege ein Band auf. Seine Enden liegen 12 cm rechts und links von der Mitte.

2. Das Band nicht verdrehen! Hefte seine Enden fest.

Nähe das Band fest – quer und entlang der Seitenkanten.

3

Nähe das andere Band an die andere Seite des Geschirrtuchs.

Wenn du noch ein X auf die Bandenden nähst, halten sie besser. ....

4

1. Falte das Tuch rechts auf rechts zur Hälfte. Die Kanten liegen genau auf einander.

2. Nun die Kanten stecken, heften und zusammennähen. Dann wende die Tasche auf rechts.

Tipp für die Seitennähte

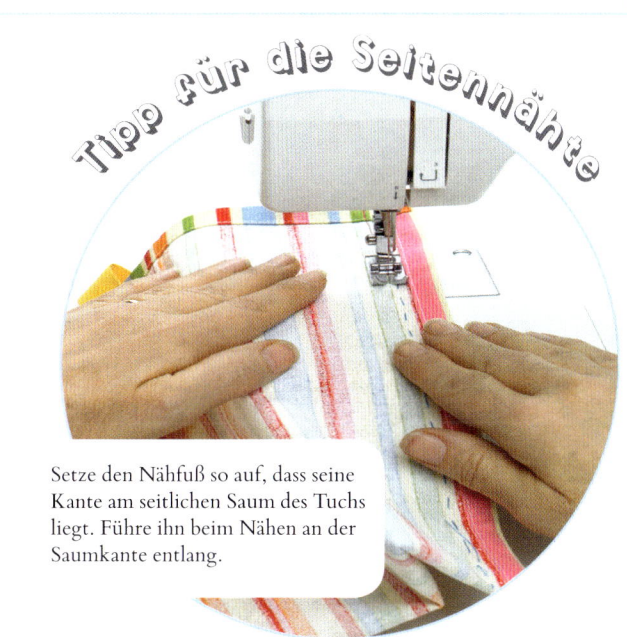

Setze den Nähfuß so auf, dass seine Kante am seitlichen Saum des Tuchs liegt. Führe ihn beim Nähen an der Saumkante entlang.

No. 2 Stiftrolle

Du brauchst:

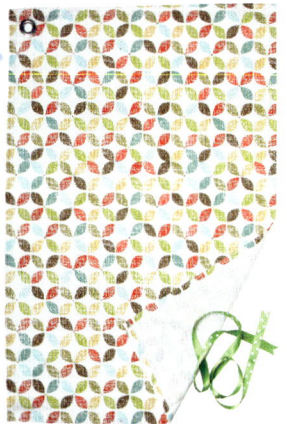

- Geschirrtuch
- Band (104 cm lang)
- Nähkasten (S. 27–32)

Stifte unterwegs

Das Geschirrtuch wird gefaltet, bevor du einzelne Taschen mit geraden Linien abnähst. In dieser Rolle kannst du allerlei verstauen. Praktisch zum Mitnehmen!

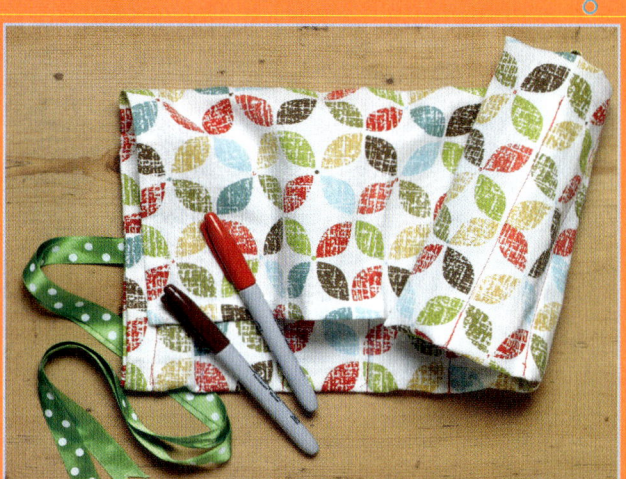

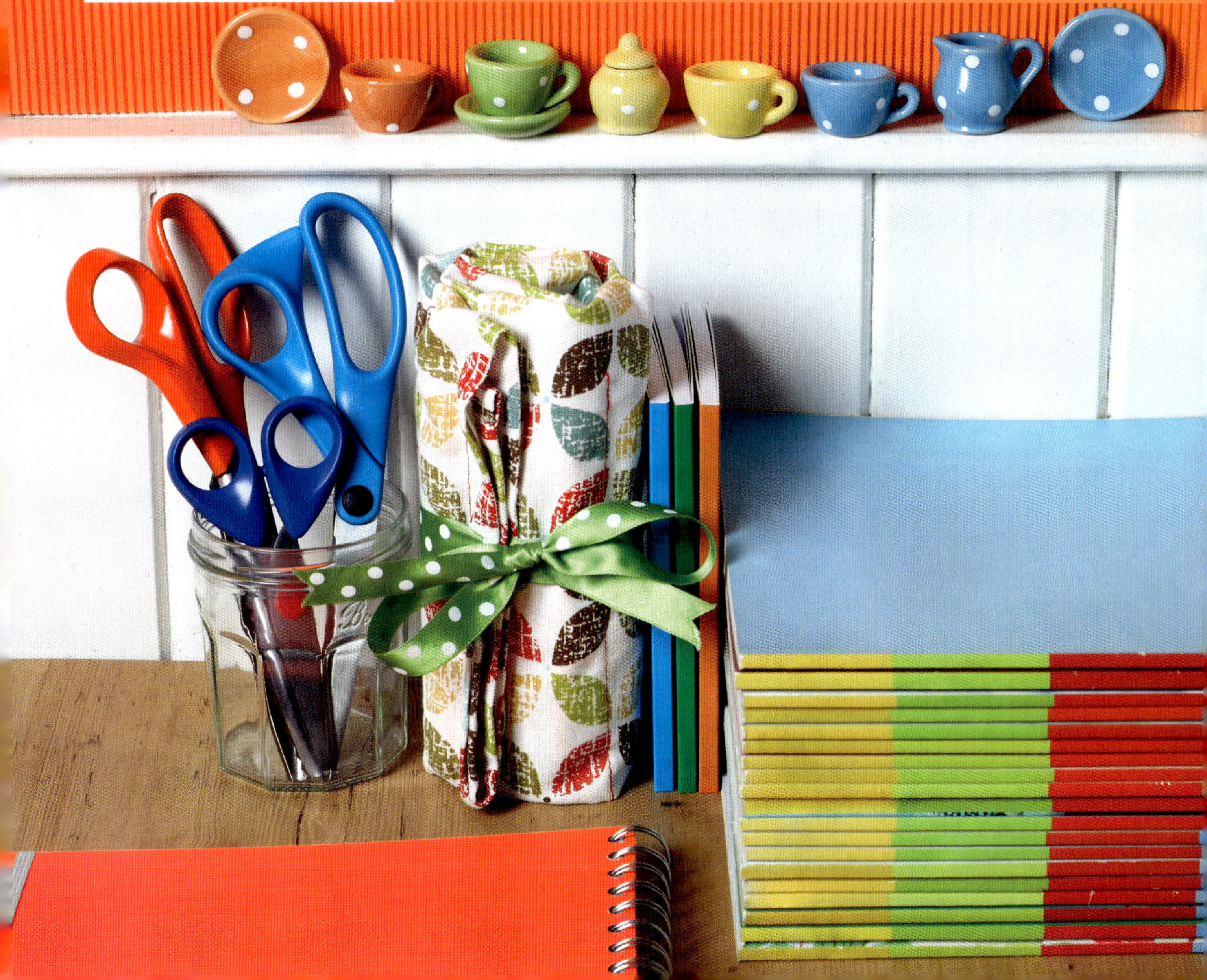

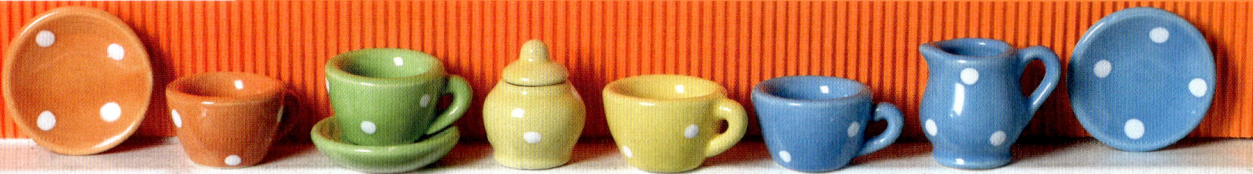

1

1. Lege das Tuch mit der rechten Seite nach unten auf den Tisch.

2. Falte die Unterkante des Tuchs 26 cm nach oben.

2

1. Falte das Band zur Hälfte.

2. Lege das gefaltete Ende des Bands 2,5 cm weit auf die Kante des gefalteten Tuchs. Feststecken.

3. Falte die Unterkante des Stoffs nochmals nach oben – so weit, dass sie das Band bedeckt.

4. Die Kanten stecken und heften.

5. Stecke auch die untere Kante fest, damit sie nicht verrutscht.

3

1. Miss nach, wie breit die Taschen sein müssen, damit deine Stifte oder andere Dinge hineinpassen.

2. Zeichne die Breiten der Taschen mit Kreidestrichen auf den Stoff.

4

Nähe entlang der Kanten und auf den Kreidestrichen. Verriegle Anfang und Ende jeder Naht mit Rückwärtsstichen.

Ziehe die Heftfäden heraus. Schiebe deine Stifte in die Taschen.

Aufrollen und zubinden!

No. 3
Schürze

Willst du backen?
Dann kannst du eine
Schürze gut gebrauchen.
Die schrägen Nähte bilden
Tunnel, durch die das
Band gezogen wird.
Zwei Nähte –
schon fertig!

Du brauchst:

- Geschirrtuch
- 2 m Baumwollband
- Nähkasten (S. 27–32)

Toller Tunnel
Durch einen
Tunnel im Stoff kann
man ein Band oder ein
Gummi ziehen. Hier wird
das Bindeband der Schürze
durchgefädelt.

1

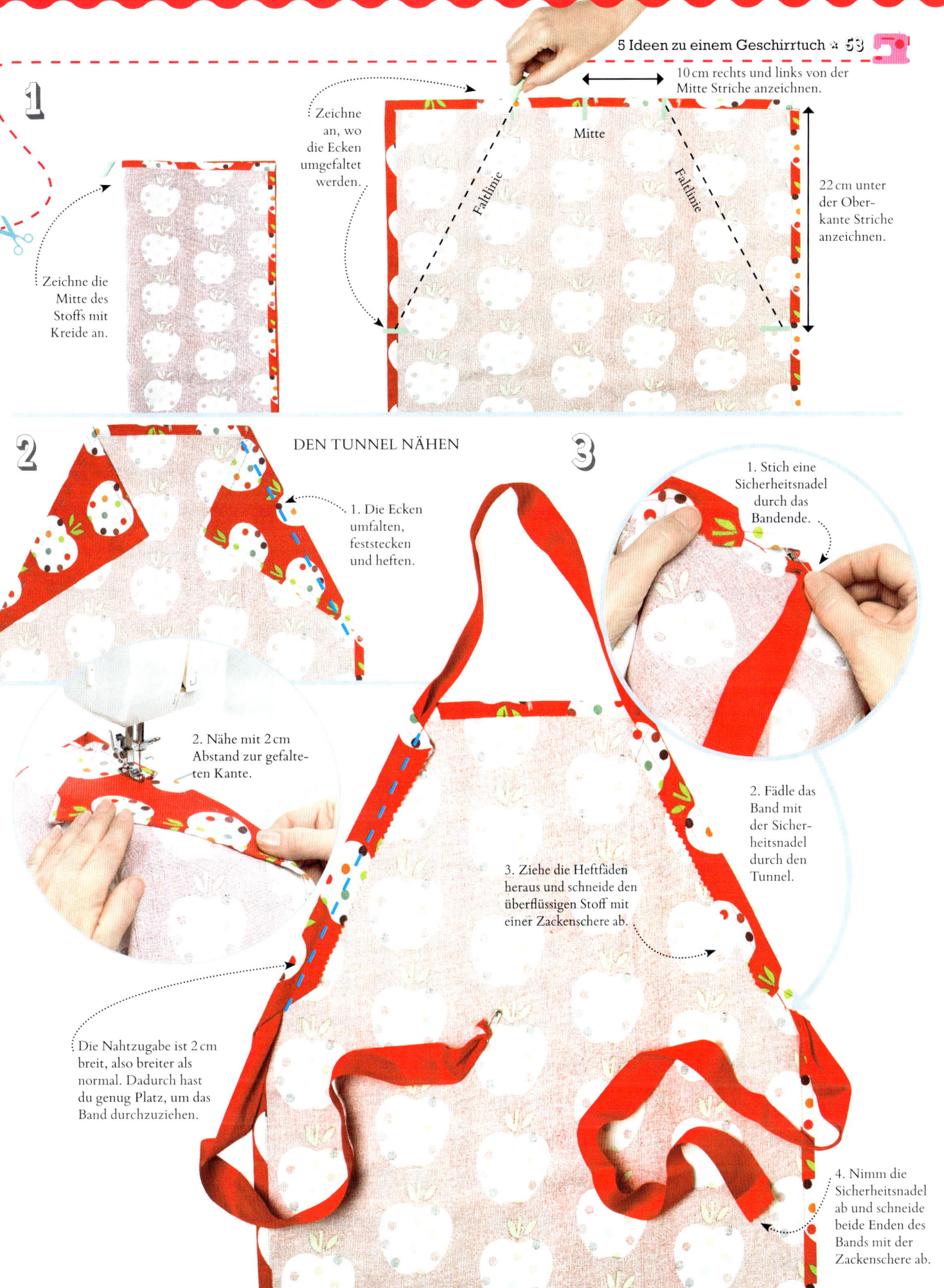

Zeichne die Mitte des Stoffs mit Kreide an.

Zeichne an, wo die Ecken umgefaltet werden.

10 cm rechts und links von der Mitte Striche anzeichnen.

Mitte

Faltlinie

Faltlinie

22 cm unter der Oberkante Striche anzeichnen.

2

1. Die Ecken umfalten, feststecken und heften.

2. Nähe mit 2 cm Abstand zur gefalteten Kante.

Die Nahtzugabe ist 2 cm breit, also breiter als normal. Dadurch hast du genug Platz, um das Band durchzuziehen.

DEN TUNNEL NÄHEN

3

1. Stich eine Sicherheitsnadel durch das Bandende.

2. Fädle das Band mit der Sicherheitsnadel durch den Tunnel.

3. Ziehe die Heftfäden heraus und schneide den überflüssigen Stoff mit einer Zackenschere ab.

4. Nimm die Sicherheitsnadel ab und schneide beide Enden des Bands mit der Zackenschere ab.

Du brauchst:

• Geschirrtuch
• Nähkasten (S. 27–32)

No. 4 Staubschutz

Diese hübsche Haube schützt deine Nähmaschine vor Staub und in den Taschen kannst du Nähutensilien verstauen.

Große Maschine

Für eine große Nähmaschine reicht ein Geschirrtuch vielleicht nicht aus. Du kannst aber die Seiten offen lassen und Bänder annähen, damit die Größe verstellbar wird. Nähe an jede Seite zwei Bänder und binde sie zu Schleifen.

Ein lustiges Gesicht aus Filz

Schneide Augen, Nase und Mund aus Filz aus und klebe sie auf die Haube.

1

1. Lege das Geschirrtuch auf die Maschine, die rechte Seite liegt oben. ....

2. Die hintere Kante reicht genau bis auf die Tischplatte.

3. Falte die vordere Kante so, dass die Faltlinie auf der Tischplatte liegt.

Aus diesem Stoff werden die Taschen.

2

Falte das Tuch der Länge nach zur Hälfte, um die Mitte zu finden.

Stecke den umgefalteten Stoff fest.

Miss nach, wie breit die Taschen werden sollen. Zeichne gerade Striche mit Kreide auf den Stoff.

3

Nähe auf den Kreidestrichen. Verriegle Anfang und Ende jeder Naht.

4

Falte das Geschirrtuch rechts auf rechts zusammen.

Die Seitenkanten stecken, heften und zusammennähen.

5

Setze den Nähfuß an der gesäumten Kante auf und nähe genau an ihr entlang.

6

Ziehe zuletzt die Heftfäden heraus und wende deine fertige Hülle auf rechts.

No. 5 Schuhbeutel

So ein Beutel ist praktisch.
Du brauchst nur einen Tunnel und
die Seiten zusammenzunähen.
Mit einem glänzenden Band
sieht der Beutel richtig
edel aus.

Ein Beutel für Sportschuhe und Zubehör

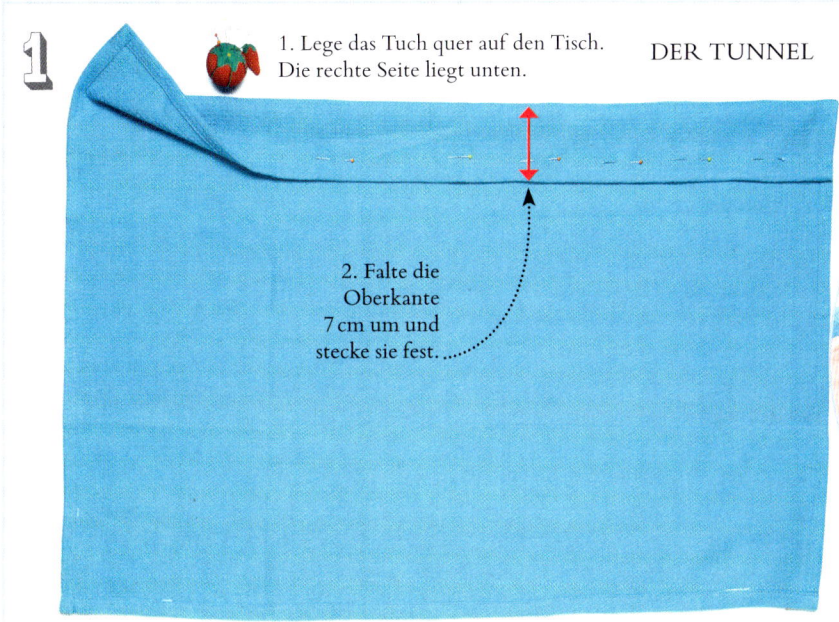

1 DER TUNNEL

1. Lege das Tuch quer auf den Tisch. Die rechte Seite liegt unten.

2. Falte die Oberkante 7 cm um und stecke sie fest.

Tipp für den Tunnel

Nähe den umgefalteten Stoff fest.

Setze den Näh-fuß genau an der gesäumten Kante des Tuchs auf und nähe an ihr entlang.

2

1. Falte das Geschirrtuch rechts auf rechts zur Hälfte. Die Kanten liegen genau aufeinander.

2. Stecke die beiden Seiten zusammen.

3. Nähe nur bis zum roten Punkt. Den Tunnel darfst du nicht zunähen.

STOPP
Vor der umge-falteten Kante anhalten und das Ende der Naht gut verriegeln.

Das Band einziehen

Stecke eine Sicher-heitsnadel in ein Ende des Bands.

Schiebe die Sicher-heitsnadel mit dem Band durch den Tunnel am oberen Rand des Beutels.

Ziehe das Band heraus, bis beide Enden gleich lang sind.

Zuletzt nimmst du die Sicher-heitsnadel ab und drehst deinen Beutel auf rechts.

Kleine Beutel

Die hübschen Beutel sind eine schöne Verpackung für kleine Geschenke. Du brauchst nicht viel Stoff, Reste genügen!

Du brauchst:

- 2 Stücke Baumwollstoff (je 15 × 18 cm oder nach eigener Wahl)
- Nähkasten (S. 27–32)

1 Zuschneiden

Lege zwei Stücke Stoff rechts auf rechts aufeinander.

18 cm

Schneide eine Vorlage aus und lege sie auf den Stoff.

15 cm

Schneide mit der Zackenschere, dann fransen die Kanten nicht aus.

2 Den Beutel nähen

Schneide zwei gleich große Stücke Stoff zu. Nähe drei Seiten zusammen. Die Oberkante bleibt offen. Schneide einen langen Streifen aus einem anderen Stoff zu oder nimm zum Zubinden ein Stück Band.

Nicht wenden. Nähe einfach bis an die Stoffkante.

Verriegle die Enden der Nähte.

Gemütliche Kissen

Wir nähen Kissenhüllen. Sie haben keinen komplizierten Verschluss. Der Stoff ist so gefaltet, dass sich das Inlett leicht einlegen lässt – und drinnen bleibt.

Du brauchst:

- Kissen-Inlett (30 × 30 cm)
- Baumwollstoff
- Zackenlitze und Pomponborte
- Nähkasten (S. 27–32)

Was ist ein Inlett?

Ein Inlett ist das weiche „Innenleben" eines Kissens. Es hat einen Bezug aus weißem Baumwollstoff. Inletts kann man in vielen Größen fertig kaufen.

Maß nehmen

Wenn du ein neues Inlett kaufst, kannst du die Größe selbst aussuchen. Hast du schon ein Inlett? Dann musst du es zuerst genau ausmessen.

Miss die Höhe und die Breite von Naht zu Naht.

Anprobieren

Lege das Inlett auf deinen Stoff und wickle ihn herum. So kannst du herausfinden, ob der Stoff für den Bezug ausreicht.

Die Enden des Stoffs müssen überlappen.

1 Ein Stück Stoff

Schneide ein Stück Stoff zu, das um dein Inlett passt. Ist das Inlett 30 × 30 cm groß, muss der Stoff 35 × 76 cm groß sein. Lege das „Inlett" aus Papier in die Mitte und zeichne seine Größe an den Stoffkanten an.

Clever!

Schneide ein Stück Papier in der Größe des Kissen-Inletts zu. Mit dieser Vorlage kannst du leichter anzeichnen, wo du den Stoff falten musst.

Falte die Kante 2,5 cm um und nähe sie fest. ......

VORLAGE AUS PAPIER

Lege die Vorlage in die Mitte des Stoffs und zeichne die Ecken an den Stoffkanten an. ......

Falte die Kante 2,5 cm um und nähe sie fest. ......

2

Falte den Stoff an den Markierungen. Die rechten Stoffseiten liegen innen.

3

Stecke die Seiten zusammen. Dann hefte sie.

Nähe beide Seiten mit 12 mm Nahtzugabe zusammen.

Auf rechts wenden

Ziehe die Heftfäden heraus und wende den Kissenbezug auf rechts.

Schiebe das Inlett in den Bezug.

Zupfe den Bezug zurecht, damit er schön glatt auf dem Inlett sitzt.

Kunter-bunte Kissen

Mix it! Du kannst die Kissen-bezüge auch aus verschiedenen Stoffen zusammensetzen. Vielleicht hast du schöne Reste? Oder verziere die Öffnung mit einer tollen Borte oder einer lustigen Zackenlitze. Lass dir etwas einfallen!

Platz für ein spannendes Buch

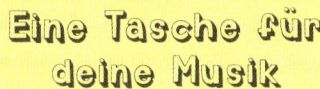
Eine Tasche für deine Musik

Kissen aus drei Stoffen

Dieser Bezug wird aus drei Stoffen genäht. Die beiden kürzeren über-lappen und bilden die Öffnung, in die das Inlett geschoben wird.

Miss Höhe und Breite des Inletts von Naht zu Naht.

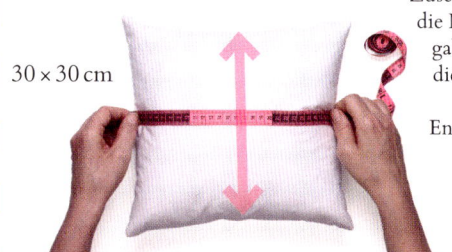

30 × 30 cm

Plane beim Zuschneiden die Nahtzu-gaben und die Säume an den Enden ein.

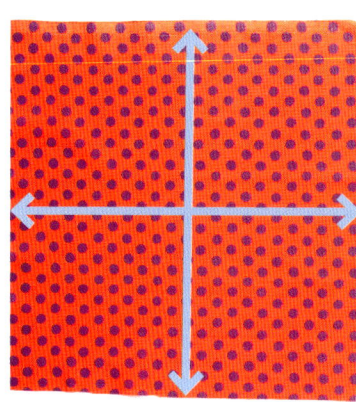

Rückseite: 1 Stück Stoff, 35 × 35 cm groß

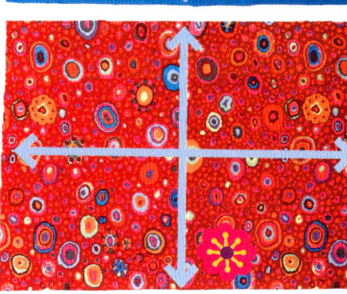

Vorderseite: 2 Stücke Stoff, je 35 × 24 cm groß

1

Breite ein Vorderteil aus. Die rechte Stoffseite liegt unten. Falte die Oberkante 2,5 cm um, stecke und nähe sie fest. ......

Mach dasselbe mit dem zweiten Vorderteil.

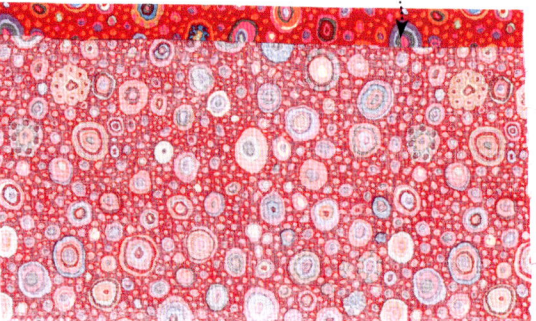

VERZIEREN

Stecke die Borte an die gesäumte Kante.

Hefte die Borte fest. Dann nähe sie mit der Maschine an. ......

2

Lege ein Vorderteil rechts auf rechts auf die Rückseite. Alle Schnittkanten liegen genau aufeinander.

Stecke die Kanten zusammen.

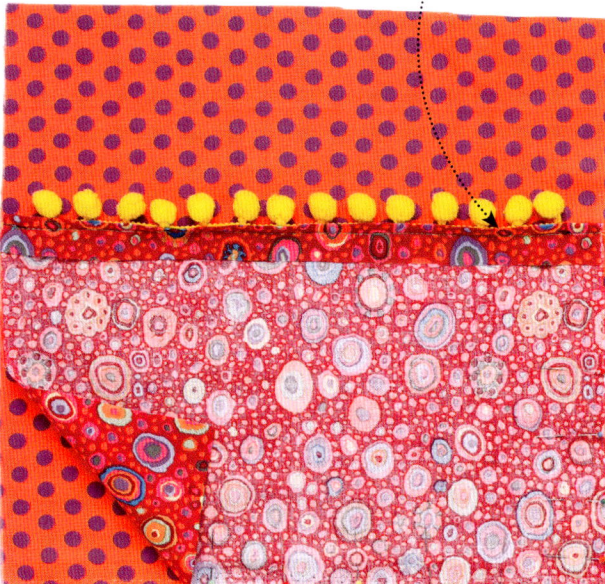

3

Lege das zweite Vorderteil darauf. Die rechte Stoffseite liegt unten und alle Schnittkanten liegen genau aufeinander. Zusammenstecken.

4 Hefte jetzt alle Stofflagen an allen vier Kanten zusammen.

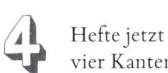

Jetzt werden die vier Kanten mit der Maschine zusammengenäht Lass dabei 12 mm Nahtzugabe.

Auf rechts wenden

Nähe noch mehr Kissen aus bunten Stoffen.

Wende den Bezug auf rechts.

Schiebe das Inlett in den Kissenbezug.

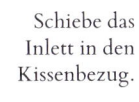

Zupfe den Bezug zurecht, damit er schön glatt auf dem Inlett sitzt.

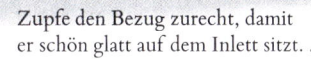

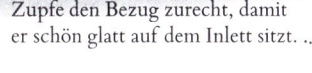

Hasenfamilie

Die Hasen mit den niedlichen Pomponschwänzen haben auch
eine andere Seite – aber eine nette. Sie sind aus zwei verschiedenen
Stoffen genäht, sodass die Rückseite anders aussieht.

Weiße Hasen
aus Nessel

Klein und groß

Mit einem Fotokopierer
kannst du die Größe der
Vorlage verändern. Für
die weiße Familie (oben)
wurde eine Vorlage auf
150 % vergrößert und eine
auf 70 % verkleinert.

Du brauchst:

- 2 verschiedene Stücke
  Baumwollstoff
  (je 28 × 38 cm)
- Polyester-Füllwatte
- Für die Pompon-
  schwänze: ein Knäuel Wolle
  und zwei Kreise aus Pappe
  (Vorlage auf Seite 124)
- Nähkasten (S. 27–32)
- Material für die Vorlage
  (S. 38)

Klipse

Nach dem Nähen schneidest
du kleine Zacken aus der
Nahtzugabe heraus, damit
sich nach dem Wenden innen
keine Wülste bilden.

Nahtlinie

Auf der gestrichelten
Linie nähen.

Schnittlinie

Auf der durchgehen-
den Linie schneiden.

Die Vorlage

Lege Transparentpapier
auf die Seite und pause alle
Linien durch. Schneide die
Form aus und stecke sie
auf deinen Stoff. Mehr
über Vorlagen auf
Seite 38–40.

Öffnung

Lass zwischen den
Punkten eine Öffnung,
damit du den Hasen
ausstopfen kannst.

ANFANG
der Naht

ENDE
der Naht

Einen Hasen nähen

1

1. Lege die Stoffe rechts auf rechts.

2. Stecke die Vorlage auf den Stoff.

3. Zuschneiden und die Vorlage abnehmen.

4. Zeichne die Öffnung mit Kreide auf dem Stoff an.

2

Um die Ecke: Stich die Nadel ein und drehe den Stoff.

1. Stecke die beiden Stoffteile zusammen.

2. Nähe sie mit 12 mm Nahtzugabe zusammen. Vergiss nicht, unten eine Öffnung zum Ausstopfen zu lassen.

3

Schneide Klipse in die Nahtzugabe. Sie sind auf der Vorlage eingezeichnet.

Lass unten eine Öffnung zum Ausstopfen.

Der Boden

Ziehe den Stoff an einer Ecke auseinander. Stecke die Ecke zusammen.

Nähe die Ecken in 2,5 cm Abstand zur Kante flach ab.

Schneide die Nahtzugabe an den Ecken schräg ab. Nicht in die Naht schneiden!

Ausstopfen

1

Wende den Hasen durch die Öffnung auf rechts. Drücke alle Ecken und Rundungen sorgfältig heraus, damit er eine schöne Form bekommt.

Rundungen

Die vielen Kurven sind nicht ganz einfach. Nähe schön langsam und führe den Stoff an den Rundungen vorsichtig mit den Händen. Aber nicht am Stoff ziehen!

2

Stopfe den Hasen aus. Er soll sich fest, aber nicht zu prall anfühlen.

Falte die Stoffkanten an der Öffnung nach innen. ...

3 Stecke die Stoffkanten zusammen und nähe die Öffnung mit kleinen Blindstichen sorgfältig zu.

Jetzt fehlen noch Verzierungen: ein Knopf als Auge und der Pomponschwanz. Wie er gemacht wird, steht auf der nächsten Seite.

Pomponschwänze

1 Schneide nach der Vorlage auf Seite 124 zwei Pappkreise aus. Lege sie aufeinander.

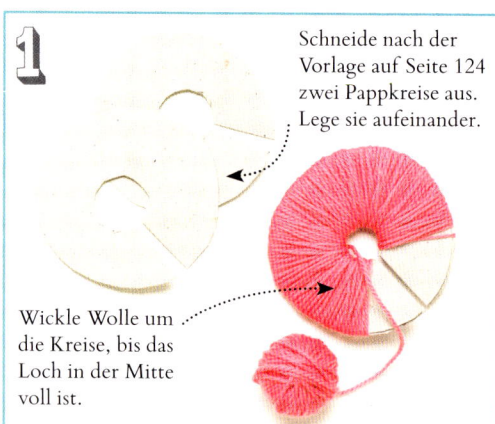

Wickle Wolle um die Kreise, bis das Loch in der Mitte voll ist.

2 Schiebe die Klinge einer Schere zwischen die beiden Pappscheiben und schneide alle Fäden am Rand durch. In der Mitte gut festhalten.

3 Halte die Mitte weiter fest. Schiebe einen Wollfaden zwischen die Pappscheiben und wickle ihn um die Fäden.

4 Ziehe den Faden fest und verknote ihn.

5 Ziehe die Pappscheiben von der Wolle.

Schneide vorstehende Fäden ab. Der Pompon soll schön rund werden.

6 Nähe mit Nähgarn einige Stiche durch dem Pompon.

Stich mit der Nadel am Hinterteil des Hasen ein.

Nähe mehrere Stiche durch das Hinterteil und den Pompon, um ihn sicher zu befestigen. Verknote das Nähgarn sicher und schneide es ab.

Knöpfe & Schleifen

Jetzt wird der Hase hübsch gemacht. Miss, wie dick sein Hals ist, und schneide ein Stück Band zu. Es muss etwas länger sein, damit die Enden übereinanderliegen. Nähc es mit der Hand fest.

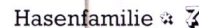

Schlanke Hasen

Findest du es schwierig, die Ecken am Boden abzunähen. Macht nichts! Ohne Boden sind sie nicht ganz so dick, sehen aber trotzdem niedlich aus.

Nähe bunte Knöpfe als Augen an. ....

Du kannst auch eine Schleife aus Band binden.

Wimpel

Für die lustig flatternden Girlanden brauchst du viele Stücke von bunten Bändern. Sie werden einfach an ein langes Baumwoll-band genäht.

Du brauchst:

- Verschiedene Bänder (je 2 m)
- Nähkasten (S. 27–32)
- 2 m Baumwollband

Lasst uns feiern!

Resteverwertung

Für diese
Girlanden kannst du
auch Reste von verschiedenen Bändern verarbeiten.
Wenn sie im Wind flattern,
sehen sie einfach
toll aus.

So nähst du die Girlanden

1

Schneide von den Bändern 20 cm lange Stücke ab.

Du kannst auch für jede Farbe eine andere Länge wählen.

Schneide ein Ende v-förmig ein.

2

Der Einschnitt sieht hübsch aus und verhindert, dass die Bänder ausfransen.

3

1. Falte das Ende des langen Baumwollbands 20 cm um und stecke es fest. So entsteht eine Schlaufe.

2. Stecke die oberen Enden der kurzen Bänder in der Mitte des Baumwollbands fest.

3. Lass zwischen den Bändern immer 2 cm Abstand. Stecke auch ins andere Ende des Baumwollbands eine Schlaufe.

4

Nähe zuerst die Enden der Schlaufen fest.

Nähe dann die Bänder fest und ziehe währenddessen allmählich die Stecknadeln heraus.

TIPP:

Lass dir Zeit und nähe langsam!

5

Falte das Baumwollband der Länge nach zur Hälfte. Die bunten Bänder liegen nun dazwischen. Stecke es fest.

6

Nähe das Baumwollband zusammen. Ziehe dabei die Nadeln heraus. Die Enden der bunten Bänder sind nun versteckt.

So nähst du die Wimpel

Die Vorlage findest du auf Seite 124.

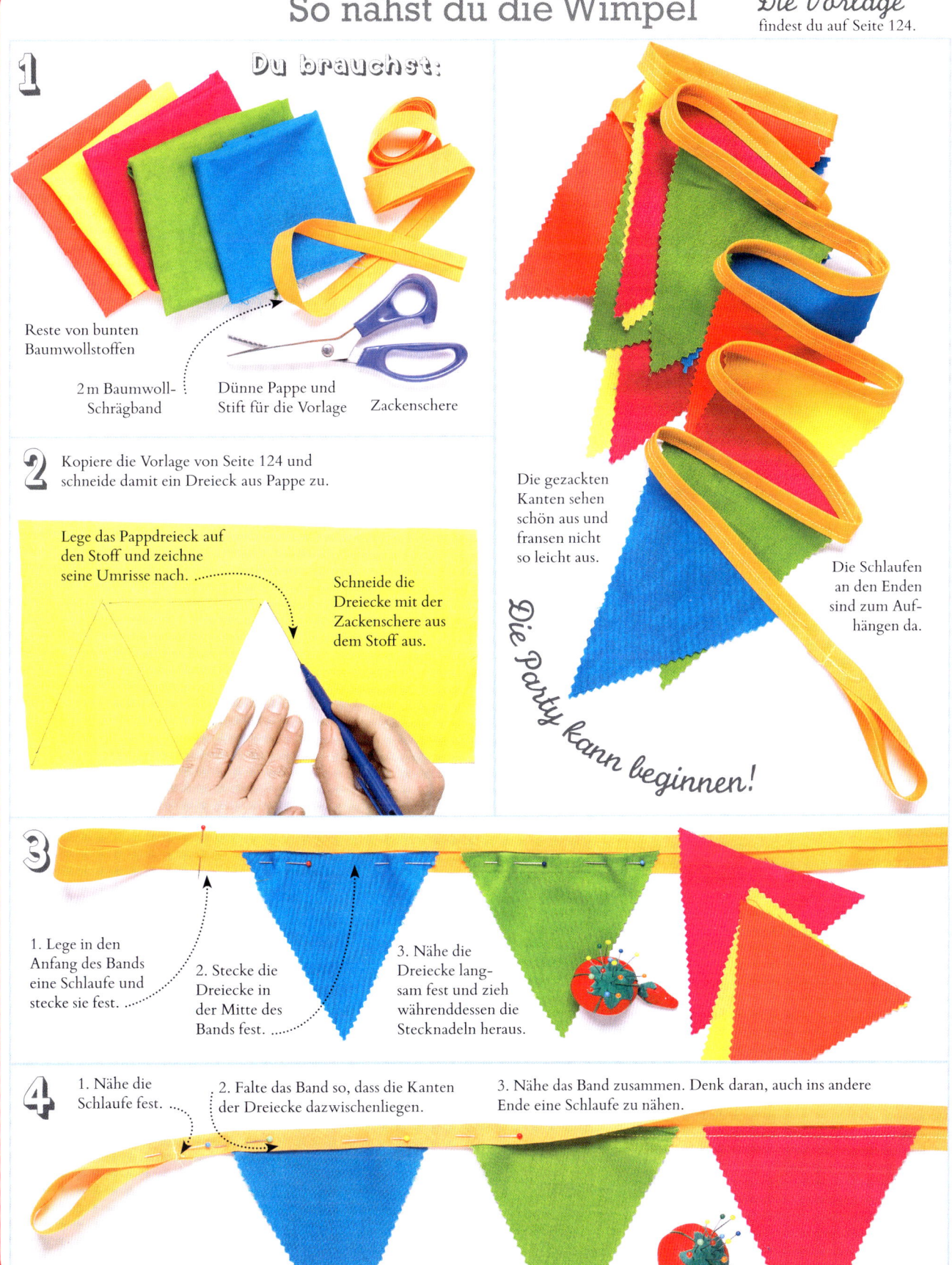

1 — Du brauchst:

Reste von bunten Baumwollstoffen

2 m Baumwoll-Schrägband

Dünne Pappe und Stift für die Vorlage

Zackenschere

2

Kopiere die Vorlage von Seite 124 und schneide damit ein Dreieck aus Pappe zu.

Lege das Pappdreieck auf den Stoff und zeichne seine Umrisse nach.

Schneide die Dreiecke mit der Zackenschere aus dem Stoff aus.

Die gezackten Kanten sehen schön aus und fransen nicht so leicht aus.

Die Schlaufen an den Enden sind zum Aufhängen da.

Die Party kann beginnen!

3

1. Lege in den Anfang des Bands eine Schlaufe und stecke sie fest.

2. Stecke die Dreiecke in der Mitte des Bands fest.

3. Nähe die Dreiecke langsam fest und zieh währenddessen die Stecknadeln heraus.

4

1. Nähe die Schlaufe fest.

2. Falte das Band so, dass die Kanten der Dreiecke dazwischenliegen.

3. Nähe das Band zusammen. Denk daran, auch ins andere Ende eine Schlaufe zu nähen.

Beutel für alles

In solchen Beuteln kannst du alles verstauen, wofür du noch einen Platz suchst. Ob groß oder klein: Genäht werden sie alle gleich.

Du brauchst:

MITTLERER BEUTEL:

- 40 × 27 cm Baumwollstoff
- 64 cm Band
- Nähkasten (S. 27–32)

Andere Größen

GROSSER BEUTEL:
- 50 × 32 cm Baumwollstoff
- 80 cm Band

KLEINER BEUTEL:
- 35 × 19 cm Baumwollstoff
- 58 cm Band

Stoff zuschneiden

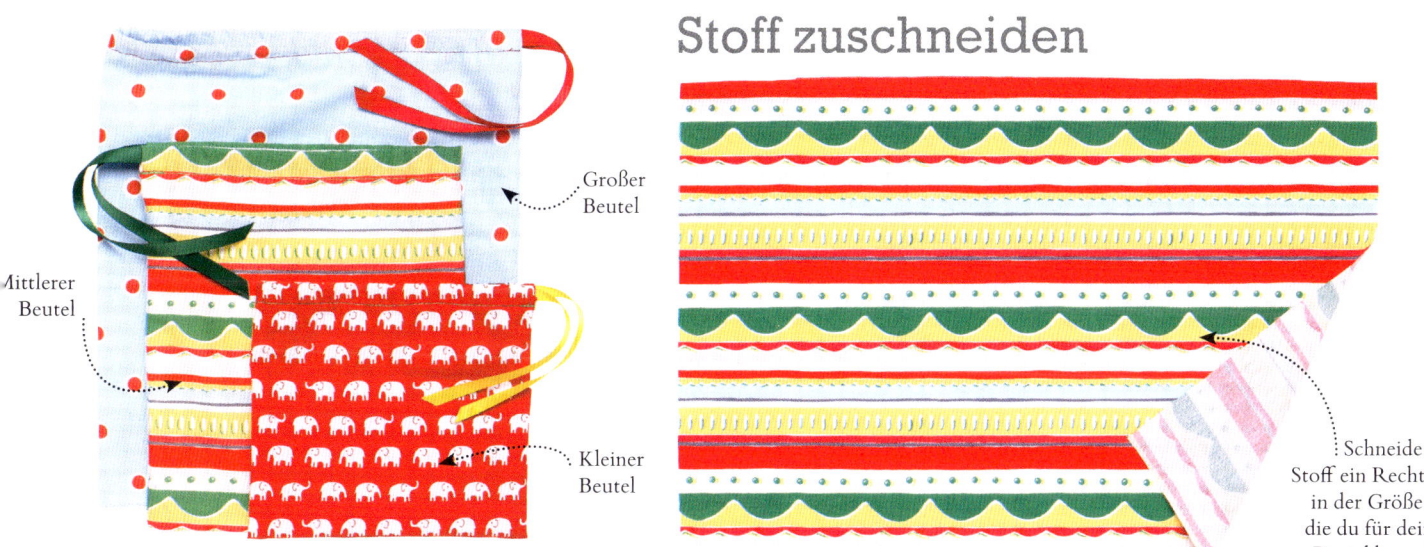

Großer Beutel

Mittlerer Beutel

Kleiner Beutel

Schneide aus Stoff ein Rechteck in der Größe zu, die du für deinen Beutel brauchst.

1 Den Beutel nähen

1. Falte die Ober-
kante 10 mm um
und bügle sie. ········

2. Falte den Stoff rechts auf
rechts zur Hälfte. Die Kanten
liegen genau aufeinander.

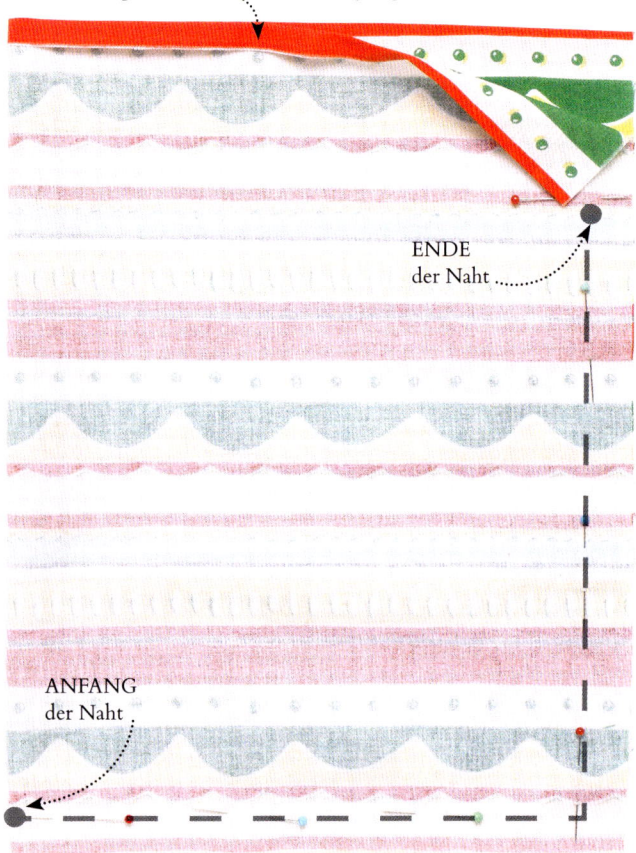

ENDE
der Naht ·····

ANFANG
der Naht

Die Nahtzugabe ist 12 mm breit.

Nähe die beiden
Kanten zusammen.
Wende an der Ecke.

Nur bis
hier nähen
und ver-
riegeln.

Die Naht
flach bügeln.

2 Den Tunnel nähen

Falte die Oberkante 2 cm
um und stecke sie fest.

Schneide die
Nahtzugabe an
den Ecken ab. ·····

Nähe die
umgefaltete
Kante fest.

TIPP: Damit der Beutel gut unter die
Nadel passt, kannst du den Anschiebetisch von der Nähmaschine abnehmen.

3 Auf rechts wenden

Wende den Beutel auf rechts.

Befestige eine Sicherheitsnadel an einem Ende des Bands. ....

Das Band wird durch den Tunnel gefädelt.

4 Das Band einziehen

Schiebe die Sicherheitsnadel in die Öffnung des Tunnels.

Fädle die Nadel durch den Tunnel ... .

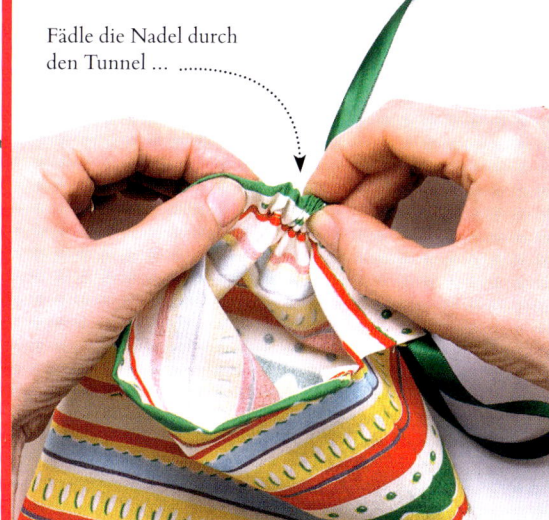

... bis sie am anderen Ende herauskommt. Ziehe das Band durch, bis beide Enden gleich lang sind.

Dann kannst du die Sicherheitsnadel abnehmen.

Große Eva
Das bin ich!

Die große
Eva

Ihr Körper ist nicht mit
Füllwatte ausgestopft, sondern
mit einem rechteckigen
Kissen-Inlett. Die Kleider
werden genau wie bei der
kleinen Eva genäht.

Eva Eckig und ihre Freunde

Diese witzigen Stoffpuppen sind eigentlich Kissen mit Armen und Beinen. Shirt und Rock, Beine und Schuhe werden in einem Zug genäht. Sie ist also fix und fertig angezogen.

Wir sind nicht gern allein :)

Eva Eckig
Das bin ich!

Vorlagen für Eva & Co.

Lege Transparentpapier auf die Buchseite und pause alle Linien durch. Schneide dann die Formen aus dem Papier aus und stecke sie auf die Stoffe. Nimm für Rock und Shirt dieselbe Vorlage, aber verschiedene Stoffe.

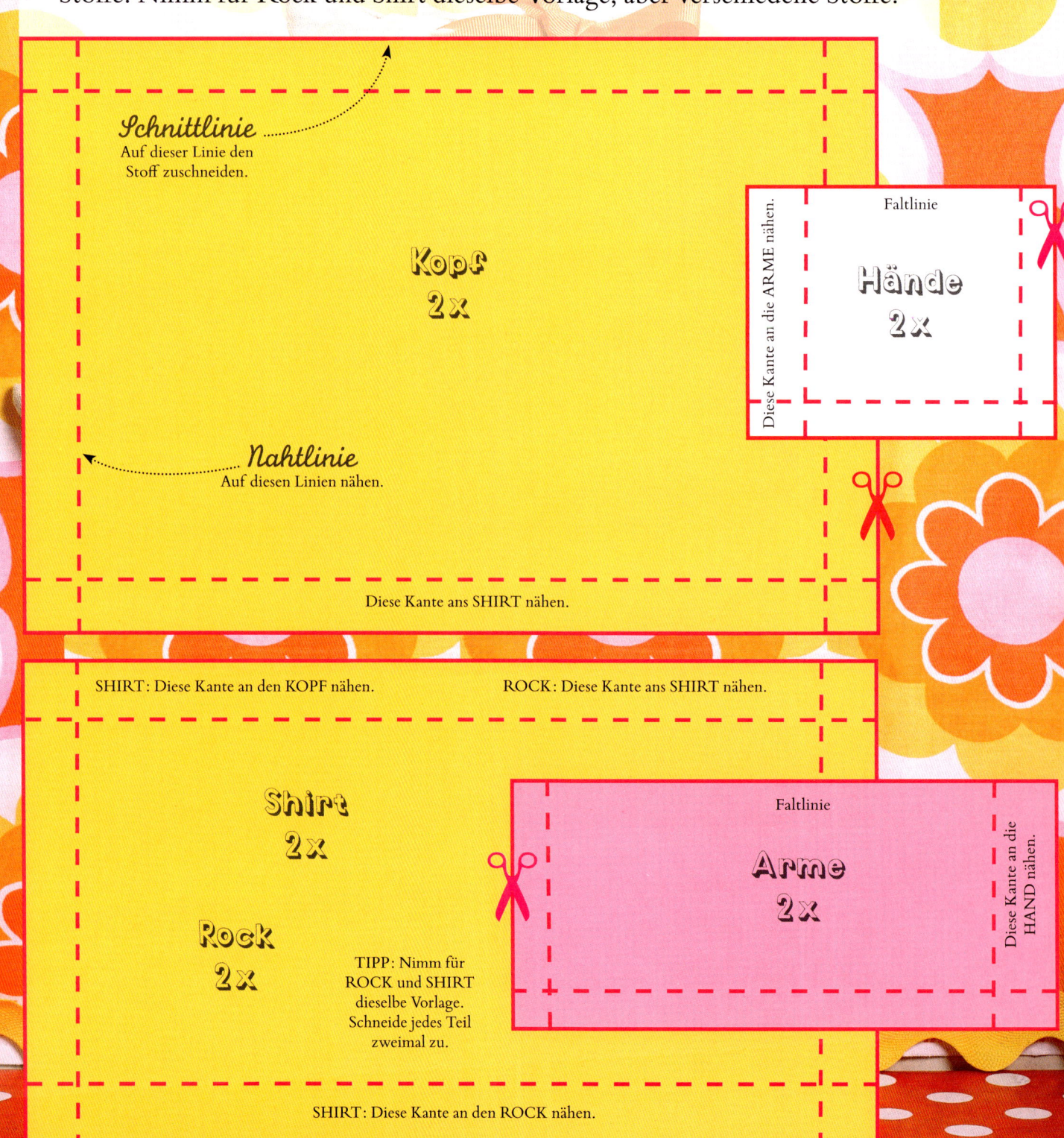

Schnittlinie
Auf dieser Linie den Stoff zuschneiden.

Kopf
2x

Diese Kante an die ARME nähen.

Faltlinie

Hände
2x

Nahtlinie
Auf diesen Linien nähen.

Diese Kante ans SHIRT nähen.

SHIRT: Diese Kante an den KOPF nähen.

ROCK: Diese Kante ans SHIRT nähen.

Shirt
2x

Rock
2x

Faltlinie

Arme
2x

Diese Kante an die HAND nähen.

TIPP: Nimm für ROCK und SHIRT dieselbe Vorlage. Schneide jedes Teil zweimal zu.

SHIRT: Diese Kante an den ROCK nähen.

Faltlinien

Falte den Stoff. Lege die Papiervorlage genau an die Faltlinie und stecke sie auf dem doppelt liegenden Stoff fest. Beim Zuschneiden darfst du die Faltlinie nicht durchschneiden. (Schneider nennen diese Faltlinie auch Stoffbruch.)

Faltlinie

Beine 2x

Diese Kante an den FUSS nähen.

Diese Kante ans BEIN nähen.

Faltlinie

Füße 2x

Kennst du meine Freundinnen?

Andere Größen

Vorlagen und Anleitung gelten für alle Puppen. Du kannst die Vorlagen mit einem Fotokopierer auch auf andere Größen verkleinern oder vergrößern.

Du brauchst:

- Baumwollstoff:
  KOPF: 20 × 26 cm
  SHIRT und ROCK: je 20 × 26 cm
  BEINE: 26 × 20 cm
  FÜSSE: 20 × 13 cm
  ARME: 26 × 13 cm
  HÄNDE: 7 × 26 cm
- Polyester-Füllwatte
- Bänder und Borten
- Textilmarker für das Gesicht
- Nähkasten (S. 27–32)

Die Teile vorbereiten

ARM — Faltlinie

BEIN — Faltlinie

HAND — Faltlinie

FUSS — Faltlinie

KOPF
Du kannst beide Teile in einem Arbeitsgang zuschneiden.

SHIRT

ROCK

Den Stoff für Bein, Hand, Fuß und Arm musst du zur Hälfte falten.

1

Stecke die Papiervorlagen auf den Stoff und schneide die Teile zu. Nicht an den Faltlinien schneiden!

Zuschneiden

2

Schneide jedes Teil doppelt zu.

Eva plaudert gern mit ihrer Schwester.

Nähen

1

Breite alle gefalteten Stoffe aus. Stecke den Fuß ans Bein.

Lege die Stoffe rechts auf rechts.

Stecke die Hand an den Arm.

Stecke Kopf und Shirt zusammen. Dann stecke den Rock ans Shirt.

2

Hefte alle Nähte. Dann nähe sie mit 12 mm Nahtzugabe zusammen.

3 Arm, Bein und Körper musst du zweimal nähen.

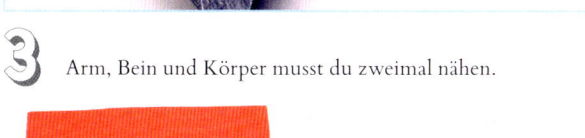

Bügle alle Nähte auseinander.

Arme und Beine

1

Falte den Stoff der Länge nach zur Hälfte und stecke ihn zusammen.

Hefte die lange Seite und das Ende von Fuß und Hand. Die oberen Enden von Armen und Beinen bleiben offen.

2

Nähe die gehefteten Kanten mit nur 7 mm Nahtzugabe zusammen.

Wende Arme und Beine auf rechts. Drücke die Ecken mit einem stumpfen Bleistift heraus.

3

Stopfe Arme und Beine mit Füllwatte aus. Lass die oberen Enden offen.

Nicht zu fest ausstopfen. Arme und Beine sollen weich und biegsam sein.

Der Körper

1

Breite einen Körper aus. Der Kopf liegt oben, die linke Stoffseite liegt unten. ⋯

Lege die Oberkante der Beine an die Unterkante des Rocks. Stecke sie fest.

Dann hefte sie sorgfältig fest. ⋯

2

Die Stoffe müssen rechts auf rechts liegen.

Lege den anderen Körper auf die Beine. ⋯

Die Unterkanten stecken, dann heften.

3

Nähe die Teile durch alle Stofflagen zusammen.

Führe den Stoff langsam und vorsichtig, damit die Beine beim Nähen nicht herausrutschen.

4

Breite den Stoff flach aus. Lege die Arme an die beiden Seitenkanten, wie auf dem Foto.

Stecke die Arme fest und hefte sie. ⋯

Extratipp

Falte die Oberkante des Kopfes um und bügle sie. Dann werden die letzten Arbeitsschritte einfacher. ⋯

5

Lege die beiden Körper wieder aufeinander.

Stecke die Seitenkanten zusammen. Hefte sie und achte darauf, dass die Arme nicht verrutschen. Die Oberseite des Kopfes bleibt offen.

6

Nähe beide Seiten durch alle Stofflagen zusammen.

Führe den Stoff langsam. Wenn Arme oder Beine verrutschen, kann es passieren, dass du sie aus Versehen festnähst!

Wenden

Wende den Körper der Puppe auf rechts. Drücke die Ecken des Rocks mit einem stumpfen Werkzeug heraus.

Ausstopfen

Stopfe den Körper mit Polyester-Füllwatte gleichmäßig und nicht zu fest aus. Lass oben etwas Platz zum Zusammennähen.

Stecke die Oberkanten zusammen und nähe sie mit der Hand mit kleinen Blindstichen zu.

Gesichter und Verzierungen

Zeichne Augen und Mund mit einem Textilfilzer direkt auf den Stoff. Wenn du möchtest, zeichne erst mit Bleistift oder Kreide vor. Du kannst auch noch Bänder und Borten von Hand aufnähen.

So nähst du die große Eva

Der wichtigste Unterschied zwischen dieser Puppe und ihren kleinen Freundinnen ist die Größe. Genäht werden alle gleich. Vergrößere die Vorlagen, schneide den Stoff zu und befolge die Anleitung für die kleine Puppe.

Kissen-Körper

Es gibt noch einen Unterschied: Der Körper dieser großen Puppe wird mit einem fertigen Kissen-Inlett (30 × 40 cm) ausgestopft.

Du brauchst:

• Genug Baumwollstoff für Kopf, Shirt, Rock, Beine und Arme
• Kissen-Inlett
• Füllwatte für Beine und Arme
• Band und Borten zur Dekoration
• Textilfilzer für das Gesicht
• Nähkasten (S. 27–32)

Große Puppen nähen

Vergrößere die Vorlage mit einem Fotokopierer auf 200 %. Schneide die Formen aus und stecke sie auf den Stoff. Schneide den Stoff zu und nähe die Teile genauso zusammen wie bei der kleinen Puppe. Wenn der Körper mit den ausgestopften Armen und Beinen auf rechts gewendet ist, schiebst du das Kissen-Inlett hinein, statt ihn mit Füllwatte auszustopfen. Dann nähe die obere Öffnung zu. Zuletzt bekommt die Puppe noch ein Gesicht und Schleifen oder Borten als Verzierung.

Nadeluhr

Lass keine Nadeln fallen! Mit diesem Nadelkissen sind die Stecknadeln beim Nähen immer griffbereit. Die Einlage aus Pappe verhindert, dass du dich stichst ... Autsch!

Klettband
Nähe als Verschluss Klettband auf beide Enden des Armbands.

Du brauchst:

• 8 × 8 cm
Pappe

HINTEN   VORN

- 2 Stücke Baumwollstoff (je 10 × 10 cm)
- Baumwollband für das Armband (2,5 cm breit)
- Klettband
- Polyester-Füllwatte • Nähkasten (S. 27–32)
- Schwarzen Textilfilzer für das Ziffernblatt

Extratipp
Das Nähen so kleiner Teile ist etwas fummelig. Lass dir Zeit und stecke oder hefte sie alle sorgfältig, bevor du sie nähst.

Ziffernblatt
Zeichne das Ziffernblatt mit einem schwarzen Textilfilzer auf den Stoff. Du kannst auch ein anderes Motiv zeichnen.

Band
Dickes Baumwollband eignet sich am besten. Schneide es mit der Zackenschere.

Die Vorlage
findest du auf Seite 124.

Ein Nadelkissen nähen

Miss dein Handgelenk und schneide ein Stück Band zu, das etwas länger ist. An den Enden wird der Verschluss befestigt.

Stecke das Band in die Mitte des Stoffs.

Nähe ein Rechteck auf das Band, um es zu befestigen.

1

Nähe an den Ecken hin und her, damit das Band sicher hält.

2 Falte die Enden des Bandes nach innen, sodass sie nicht über den Rand hinausstehen.

Stecke die Stoffe rechts auf rechts zusammen. Nicht die Bänder mit feststecken!

3 Die Nahtzugabe ist 7 mm breit.

Stich an den Ecken die Nadel ein und wende den Stoff.

Nähe nur drei Seiten zusammen.

4 Schneide die Nahtzugaben an den Ecken ab und wende das Quadrat.

Jetzt sind die Bänder außen.

5 Schiebe das Quadrat aus Pappe hinein.

6 Stopfe das Kissen zwischen der Vorderseite und der Pappe aus.

7 Falte die offenen Stoffkanten um und stecke sie zusammen.

Nähe die Öffnung mit kleinen Blindstichen zu. Dann kannst du das Ziffernblatt zeichnen.

Nadeln immer griffbereit

Befestige das Band an deinem Handgelenk. Dann kann der Nähspaß losgehen.

Girlanden

Bunte Kreise, zu einer Girlande zusammengefügt, sind ein toller Schmuck für ein Fenster oder eine langweilige Ecke in deinem Zimmer.

Du brauchst:

- Filzreste in vielen Farben

- Schablonen aus dünner Pappe
GROSS: 5,5 cm
KLEIN: 2,5 cm

- Nähkasten (S. 27–32)

1

Lege die Pappschablonen auf den Filz und zeichne die Umrisse nach.

Filzstift

Schneide möglichst viele Filzkreise aus. Du kannst dafür eine Zackenschere benutzen.

2

Ziehe Ober- und Unterfaden lang unter dem Nähfuß heraus. Lege einen großen und einen kleinen Kreis unter den Nähfuß und nähe sie in der Mitte zusammen.

Lege ohne Lücke die nächsten beiden Kreise an und nähe gleich weiter. Schneide den Faden zwischendurch nicht ab. Halte den Filz mit der Hand flach.

Wenn die Kreise verbraucht sind, ziehe die Fäden wieder lang heraus. Schneide sie ab und lass lange Enden an der Girlande hängen. An ihnen wird sie aufgehängt.

Mixe Größen und Farben nach Lust und Laune. Du kannst auch abwechselnd große und kleine Kreise zusammennähen oder eigene Kombinationen erfinden.

Schablonen

Pause für die
Pappschablonen
diese Kreise
durch.

GROSS

KLEIN

Stoffkörbe

Aufräumen — Mit diesen pfiffigen Körben ist Ordnung klein Problem mehr. Du brauchst nur zwei Stücke Stoff (außen hübsche Baumwolle, innen Nessel), damit die Körbe aufrecht stehen. Es ist so einfach, dass du bestimmt Lust bekommt, mehr davon zu nähen.

Du brauchst:

- 1 Stück Baumwollstoff (31 × 18 cm)
- 1 Stück Nessel oder steifen Baumwollstoff (31 × 18 cm)
- Nähkasten (S. 27-32)

Nessel

Baumwollstoff

Nähe dir einen Korb für all deine Nähutensilien.

Größen

Für größere Körbe schneidest du größere Rechtecke zu. Dieser Korb ist 42 × 25 cm groß.

1 Zusammennähen

Lege die beiden Stoffe rechts auf rechts aufeinander.

Die Oberkante stecken und dann mit 12 mm Nahtzugabe zusammennähen. ....

2

Streiche die Naht glatt und bügle sie. Lass dir beim Hantieren mit dem heißen Bügeleisen lieber von einem Erwachsenen helfen. ....

3

Falte das zusammengenähte Stück rechts auf rechts zur Hälfte.

..... Die Nähte liegen genau aufeinander. Stecke die Stoffe an der Längsseite zusammen.

4

Nähe die Längsseiten mit 12 mm Nahtzugabe zusammen. Achte darauf, dass die Nahtzugaben flach liegen.

5

Drehe die Naht in die Mitte.

Klappe die Nahtzugaben auseinander und bügle sie sorgfältig.

Der Korb nimmt Form an.

BODEN

OBEN

1. Ziehe den Futterstoff über den Außenstoff. Von beiden liegt die rechte Seite außen.

2. Zupfe die Stoffe so zurecht, dass Innen- und Außenstoff an der Kante gleich hoch sitzen. .....

1 Die Oberkante

Schiebe die Naht so zurecht, dass sie genau an der Oberkante liegt. ....

Stecke sie ringsherum fest.

2

Nimm den Anschiebetisch von der Nähmaschine ab.

Schiebe den Korb über den Arm der Maschine und nähe rings um die Oberkante. ....

1 Der Boden

Drehe die Seitennaht in die hintere Mitte. ...

Den Boden erst zusammenstecken, dann nähen. ....

2

Damit der Korb steht, drücke die Ecken zusammen, wie auf dem Foto.

Stecke die Ecken fest.

3

Nähe quer über die beiden Ecken. ....

Auf rechts wenden

Drücke die Ecken heraus, damit der Korb eine schöne Form bekommt. ...

* Jetzt kannst du deine Sachen in die Körbe einsortieren. *

Kremple den Rand für einen besseren Stand um.

Hunde-familie

Die kleinen Hunde sind niedliche Kuscheltiere. Im Großformat geben sie gemütliche Kissen ab.

Vergrößern

Für ein Hundekissen musst du die Vorlage mit dem Foto-kopierer auf 150 % (oder mehr) vergrößern.

Nahtlinie

Nähe auf der gestrichelten Linie.

Schnittmuster

Lege Transparent-papier auf die Seite und pause alle Linien durch. Schneide die Form aus dem Papier aus und lege sie auf den Stoff. Siehe auch Seite 38–40.

ANFANG der Naht

Öffnung

Lass zwischen den Punkten eine Öffnung zum Ausstopfen.

ENDE der Naht

Schnittlinie

Schneide den Stoff auf dieser Linie zu.

Klipse

Wenn die Teile zusammengenäht sind, schneide aus der Nahtzu-gabe kleine Zacken heraus. Dann bekommt der fertige Hund eine schönere Form.

1

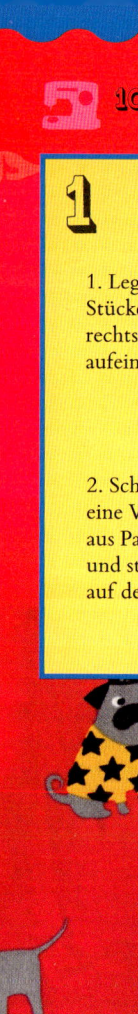

1. Lege zwei Stücke Stoff rechts auf rechts aufeinander.

2. Schneide eine Vorlage aus Papier und stecke sie auf den Stoff.

3. Zeichne die Punkte auf dem Stoff an.

4. Schneide den Stoff zu.

2

Zeichne mit Kreide an, wo die Naht offen bleiben muss.

Nähe die Teile zusammen.

Du brauchst:

• Vorlage

• 2 Stücke Baumwollstoff für den Körper (je 33 × 23 cm) • Filz für Ohren und Halsband
• 3 Knöpfe für Augen und Nase
• Polyester-Füllwatte • Nähkasten (S. 27–32)

3

Schneide Klipse in die Nahtzugabe, aber schneide dabei
nicht die Naht durch.

Denk an die
Öffnung zum
Ausstopfen.

4

Wende den
Hund auf
rechts.

Drücke alle Ecken und vor
allem den Schwanz mit einem
stumpfen Bleistift heraus.

5

1. Stopfe den Hund
aus. Fang mit Schwanz,
Kopf und Beinen an.

3. Nähe die
Öffnung mit
Blindstichen zu.

2. Schiebe die Füll-
watte mit einer Strick-
nadel in alle Ecken.

Ohren, Augen und Nase

Nähe als Nase und
Augen Knöpfe an.

Zeichne das
Maul mit einem
Textilfilzstift.

Schneide zwei
Ohren aus Filz zu
und nähe sie an
den Kopf.

Weihnachtskugeln

Fahre mit der Nähmaschine spazieren. Nähe Kurven und Schnörkel, wechsle zwischendurch den Stich und die Garnfarbe. So kannst du auch andere Dinge verzieren!

1 Drehe den Filz hin und her und nähe ein interessantes Muster.

Wechsle auch den Stich.

2 Schneide einen Pappkreis mit 12 cm Durchmesser zu.

Lege den Kreis auf das Muster, das du ausschneiden willst, und zeichne den Umriss nach.

3 Schneide den Kreis aus dem Filz aus.

4 Schneide für die Rückseite einen zweiten Kreis aus Filz aus.

Stecke die beiden Kreise zusammen.

5 Nähe die Kreise zusammen. Lass aber eine kleine Öffnung zum Ausstopfen.

Stopfe die Kugel aus.

6 Nähe die Öffnung mit der Hand zu. Nähe noch ein Band und einen Knopf an.

Schneide zuletzt die Ränder mit der Zackenschere ab.

Extratipp
Wenn du den Stich wechselst, nimm vorher IMMER die Nadel aus dem Stoff, sonst kann sie abbrechen.

Mund zu!

Vorsicht, bissig! Diese frechen Typen mit Reißverschluss-Mund passen gut auf allerlei kleine Schätze auf.

Du brauchst:

- Reißverschluss, mindestens 10 cm
- 2 Stücke Baumwollstoff, eine Kante so lang wie der Reißverschluss, die andere so lang, wie du möchtest
- 2 Knöpfe als Augen
- 1 Stück Band (wenn du möchtest)
- Nähkasten (S. 27–32)

Länge des
Reißverschlusses

Hey!
Wolltest du was sagen?

Reißverschlüsse

Reißverschlüsse werden zwischen zwei Stücke Stoff genäht. Man kann sie in Stoffgeschäften kaufen. Nimm für dieses Projekt Reißverschlüsse mit Zähnchen aus Metall oder Kunststoff. Reißverschlüsse für Röcke haben die richtige Länge: 10–15 cm. Du brauchst den Nähfuß nicht zu wechseln. Nähe einfach langsam mit dem normalen Fuß.

> Gestatten: Ich bin ein Kreis mit Ohren.

Große Klappe

Wie breit der Mund wird, hängt von der Länge deines Reißverschlusses ab. Auch die Höhe der Tasche kannst du verändern. Oder nimm zwei verschiedene Stoffe, damit der Kopf anders aussieht als das Unterteil.

1 Den Reißverschluss einnähen

Lege die Stoffe nebeneinander. Die rechten Stoffseiten liegen oben. Die Kanten berühren sich, aber überlappen nicht.

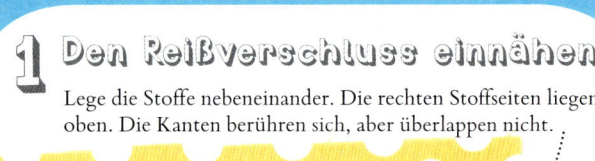

Lege den Reißverschluss dort auf, wo sich die Stoffe berühren.

Stecke das obere Band des Reißverschlusses auf den oberen Stoff und das untere Band auf den unteren Stoff. Hefte sie fest.

2

Lege den Reißverschluss so unter den Nähfuß, dass du entlang der Kante des Trägerbands nähen kannst.

Reißverschluss-Trägerband

Schlitten

TIPP: Wenn du an der Kante des Bandes nähst, fährt der Nähfuß leicht am Schlitten des Reißverschlusses vorbei.

3

Stecke die anderen Kanten der Stoffe rechts auf rechts zusammen. Hefte sie.

Öffne den Reißverschluss halb.

Z Z z z zip

Mein Kopf ist klein.

Wie groß ist der Kopf?

Das hängt davon ab, wo du in Schritt 5 den Reißverschluss einnähst. Soll er klein sein, lege die Stoffe so hin, dass der Reißverschluss über der Mitte liegt.

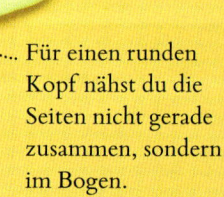

Für einen runden Kopf nähst du die Seiten nicht gerade zusammen, sondern im Bogen.

4 Nähe die gehefteten Stoffkanten zusammen.

Die Teile sind jetzt an beiden Enden verbunden. Bügle die Nahtzugabe auseinander.

5 Drehe den Reißverschluss so, dass er etwas über der Mitte liegt. Dann streiche die Tasche glatt.

Stecke die beiden Seiten und nähe sie dann mit 12 mm Nahtzugabe zusammen.

6 Schneide vorsichtig die Nahtzugabe an den Ecken schräg ab. Wende dann die Tasche durch den offenen Reißverschluss.

7 Nähe Knöpfe als Augen und Nase auf. Stich dabei nur durch die obere Stofflage.

Die Knöpfe musst du mit der Hand annähen.

Knote ein Band an den Griff.

Mein Kopf ist größer.

Mit einem Band lässt sich der Reißverschluss leichter öffnen.

3-D-Hühner

Zauberei? Aus zwei Stoffquadraten werden diese pummeligen Hühner. Suche verschiedene gemusterte Stoffe für bunte Hühnerrassen aus.

Die Vorlagen findest du auf Seite 124.

Du brauchst:

- 2 Knöpfe und Filz für das Gesicht
- 2 Stücke Baumwollstoff (je 15 × 15 cm)
- Nähkasten (S. 27–32) • Polyester-Füllwatte

Andere Größen

Für größere oder kleinere Hühner schneidest du einfach Quadrate mit anderen Maßen zu. Genäht werden alle gleich.

1 ... Hefte die Filzformen auf den Stoff, so wie auf dem Foto.

Die rechte Stoffseite liegt oben.

2 Lege das zweite Stoffstück darauf.

ANFANG der Naht ...

Diese Seite bleibt offen.

Die Stoffe liegen rechts auf rechts.

ENDE der Naht ...

3 Nähe die drei Seiten zusammen.

Wende an den Ecken.

4 Wende das Huhn auf rechts und drücke die Ecken heraus.

5 Stopfe das Huhn mit Füllwatte aus.

6 Lege den Stoff so, dass die Seitennähte aufeinandertreffen. Kanten nach innen falten und feststecken.

... Nähe sie mit Blindstich zusammen.

Gute Nacht, Teddy. Schlaf gut und träum was Schönes.

Schlaf gut, Bär!

Jeder Teddy braucht ein kuscheliges Bett. Suche einen passenden Karton und nähe ihm Bettzeug: eine Decke und passende Kissen.

Bettdecke für den Teddybären

Der Bezug besteht aus drei Quadraten aus Baumwoll-stoff. Suche schöne Muster für Vorder- und Rückseite aus und nimm weißen Stoff als Futter. Durch das Futter wird der Bezug dicker und das Muster der Rückseite schimmert nicht durch.

Du brauchst:

- Für den Bettbezug: 3 Stücke Baumwollstoff für Vorderseite, Futter und Rückseite (je 35 × 35 cm)
- Bänder und Borten (35 cm lang)
- Nähkasten (S. 27–32)

Stoff für die Rückseite

Weißer Stoff für das Futter

Stoff für die Vorderseite

Bänder und Borten

1 Lege den Stoff für die Vorderseite mit der rechten Seite nach oben.

Lege Bänder und Borten darauf. Stecke sie fest, dann hefte sie auf den Stoff.

2 Nähe die Bänder fest. Danach kannst du die Heftfäden herausziehen.

3 Lege die Stoffe in dieser Reihenfolge aufeinander. Stecke sie zusammen.

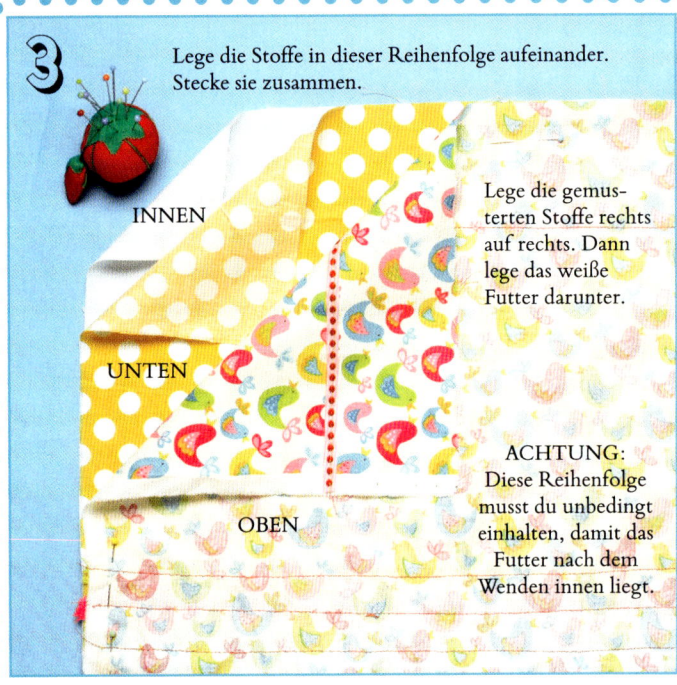

INNEN

UNTEN

OBEN

Lege die gemusterten Stoffe rechts auf rechts. Dann lege das weiße Futter darunter.

ACHTUNG: Diese Reihenfolge musst du unbedingt einhalten, damit das Futter nach dem Wenden innen liegt.

4

Nähe die Kanten zusammen, aber lass eine Öffnung zum Wenden (siehe Schritt 5).

Die Nahtzugabe ist 12 mm breit.

5 Schneide die Nahtzugabe an den Ecken schräg ab, aber nicht die Naht durchschneiden.

Lass an der Unterkante eine Öffnung zum Wenden.

6 Wende den Bezug auf rechts und drücke die Ecken schön spitz heraus.

Nähe die Öffnung mit Blindstichen zu.

Falte die Kanten der Öffnung nach innen und stecke sie zusammen.

Kissen für den Teddybären

Ob die Kissen groß oder klein werden, hängt davon ab, wie groß du den Stoff zuschneidest. Auf der Rückseite überlappen die Stoffteile, darum brauchst du keinen Verschluss. Das runde Kissen wird zugenäht und hat als Verzierung in der Mitte einen Knopf.

Du brauchst:
- Großes Kissen:
46 × 15 cm Baumwollstoff
- Rundes Kissen:
2 Kreise aus Baumwollstoff (je 12 cm)
- Polyester-Füllwatte
- Nähkasten (S. 27–32)

1 Schneide den Stoff zu.

Benutze eine Zackenschere, damit die Kanten nicht ausfransen.

2 Falte beide Kanten so nach innen, dass sie überlappen, wie auf dem Foto. Die linke Stoffseite liegt oben.

Stecke die beiden Seitenkanten fest, dann nähe sie zusammen.

3 Wende das Kissen durch die Öffnung. Stopfe es aus, bis es dick und weich ist.

1 Schneide zwei Kreise aus Stoff zu.

2 Stecke sie rechts auf rechts aufeinander.

3 1. Nähe die Kreise zusammen, aber lass eine Öffnung zum Wenden und Füllen.

2. Schneide ringsherum Klipse.

4 Wende das Kissen und stopfe es aus.

5

1. Nähe die Öffnung mit der Hand mit Blindstichen zu.

2. Nähe auf beiden Seiten Knöpfe an. Dafür musst du durch die Mitte des Kissens stechen.

Wir sehen gefährlich aus, aber wir sind ganz harmlos. Ehrenwort!

Die Vorlagen findest du auf Seite 122.

Wir kommen aus einem fernen ...

... Land.

Monster auf Besuch

Du brauchst:

- Nähkasten (S. 27–32)
- Vorlage für dein Monster
- Wackelaugen oder Knöpfe
- Bänder
- Polyester-Füllwatte
- Baumwoll-stoff, so groß wie deine Vorlage

1

1. Falte die Bänder zur Hälfte.

2. Lege sie um den oberen Rand des Stoffs. Die abgeschnittenen Enden liegen auf der Stoffkante.

3. Stecke sie fest.

ACHTUNG: Die rechte Stoffseite liegt oben.

2

1. Hefte die Bänder fest.

2. Lege das andere Stück Stoff darauf. Seine rechte Seite zeigt nach unten.

3. Stecke die äußeren Ränder aufeinander. Nähe sie dann zusammen. Unten offen lassen!

3

Ziehe die Heftfäden heraus und wende die Figur auf rechts.

Extratipp

In Schritt 1 musst du die Bänder auf die rechte Stoffseite legen. Die gefalteten Enden zeigen zur Mitte. Nur so sitzen sie richtig, wenn du die Figur auf rechts gewendet hast.

4

1. Stopfe die Figur mit Füllwatte aus.

2. Schlage die Unterkanten ein und nähe sie mit Blindstichen zusammen.

3. Nähe oder klebe Augen auf. Denk daran: Monster können auch drei oder mehr Augen haben.

1

Falte den Stoff rechts auf rechts zusammen. Stecke die Vorlage darauf und schneide die Form aus.

2

3. Falte die Bänder zur Hälfte und stecke sie auf die Stoffkante wie auf dem Foto.

Die Bänder sind 14 cm lang.

2. Zeichne die Positionen der Bänder mit Kreide an.

3

1. Hefte die Bänder fest.

2. Lege das zweite Teil rechts auf rechts darauf und stecke es fest.

3. Zeichne die Öffnung mit Kreide an.

1. Lege eins der beiden Teile mit der rechten Stoffseite nach oben auf den Tisch.

TIPP:
Wenn du die Bänder mit dem gefalteten Ende nach innen auf die rechte Stoffseite steckst, stehen nach dem Wenden Schlaufen aus der Naht hervor.

4

Nähe die Kanten rundherum zusammen, aber lass eine Öffnung zum Ausstopfen.

Nähe langsam und wende an der Schwanzspitze. Pass auf, dass du nicht versehentlich über die gefalteten Enden der Bänder nähst.

Wende die Figur auf rechts.

5

1. Drücke alle Ecken und Spitzen heraus.

Nimm für den Schwanz eine Stricknadel.

2. Stopfe zuerst Kopf und Schwanz aus, dann den Körper.

Jede Menge Monster

Alle Monster werden gleich genäht, obwohl sie verschiedene Formen haben. Such dir auf Seite 122 eine Vorlage aus. Schneide den Stoff zu und gehe Schritt für Schritt nach der Anleitung vor.

Das Gesicht

Nähe die Augen fest.

Schneide aus Filz ein Maul aus und nähe es fest.

Nähe die gleichen Teile auch auf die andere Seite des Kopfes.

Schwierige Formen

Formen mit vielen Ecken und Kurven sind schwierig zu nähen. Lass dir Zeit, führe den Stoff vorsichtig und wende an Ecken und Spitzen mit eingestochener Nadel. Dein Monster darf ruhig seltsam aussehen: Schließlich kommt es von einem anderen Stern.

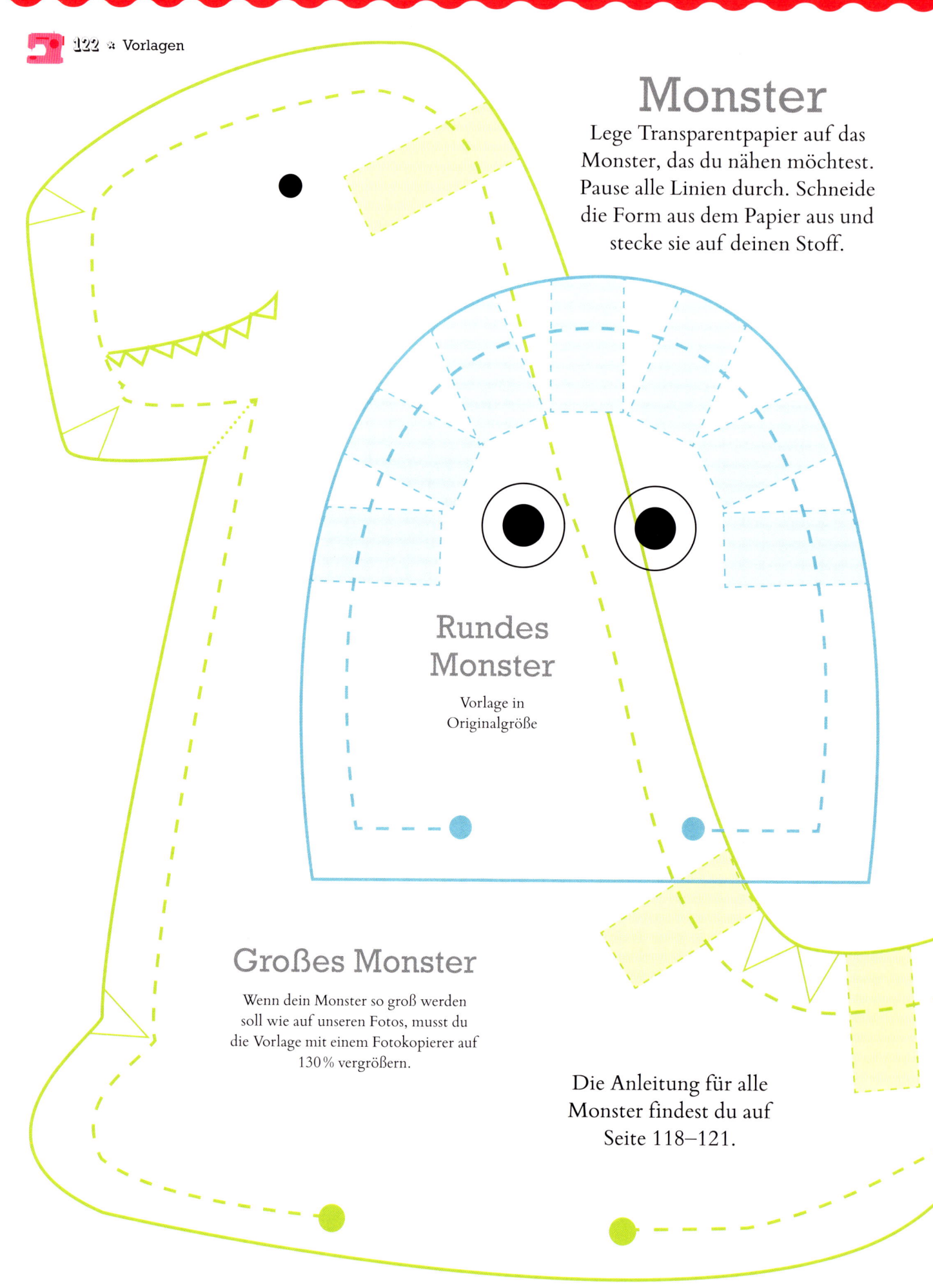

Monster

Lege Transparentpapier auf das Monster, das du nähen möchtest. Pause alle Linien durch. Schneide die Form aus dem Papier aus und stecke sie auf deinen Stoff.

Rundes Monster

Vorlage in Originalgröße

Großes Monster

Wenn dein Monster so groß werden soll wie auf unseren Fotos, musst du die Vorlage mit einem Fotokopierer auf 130 % vergrößern.

Die Anleitung für alle Monster findest du auf Seite 118–121.

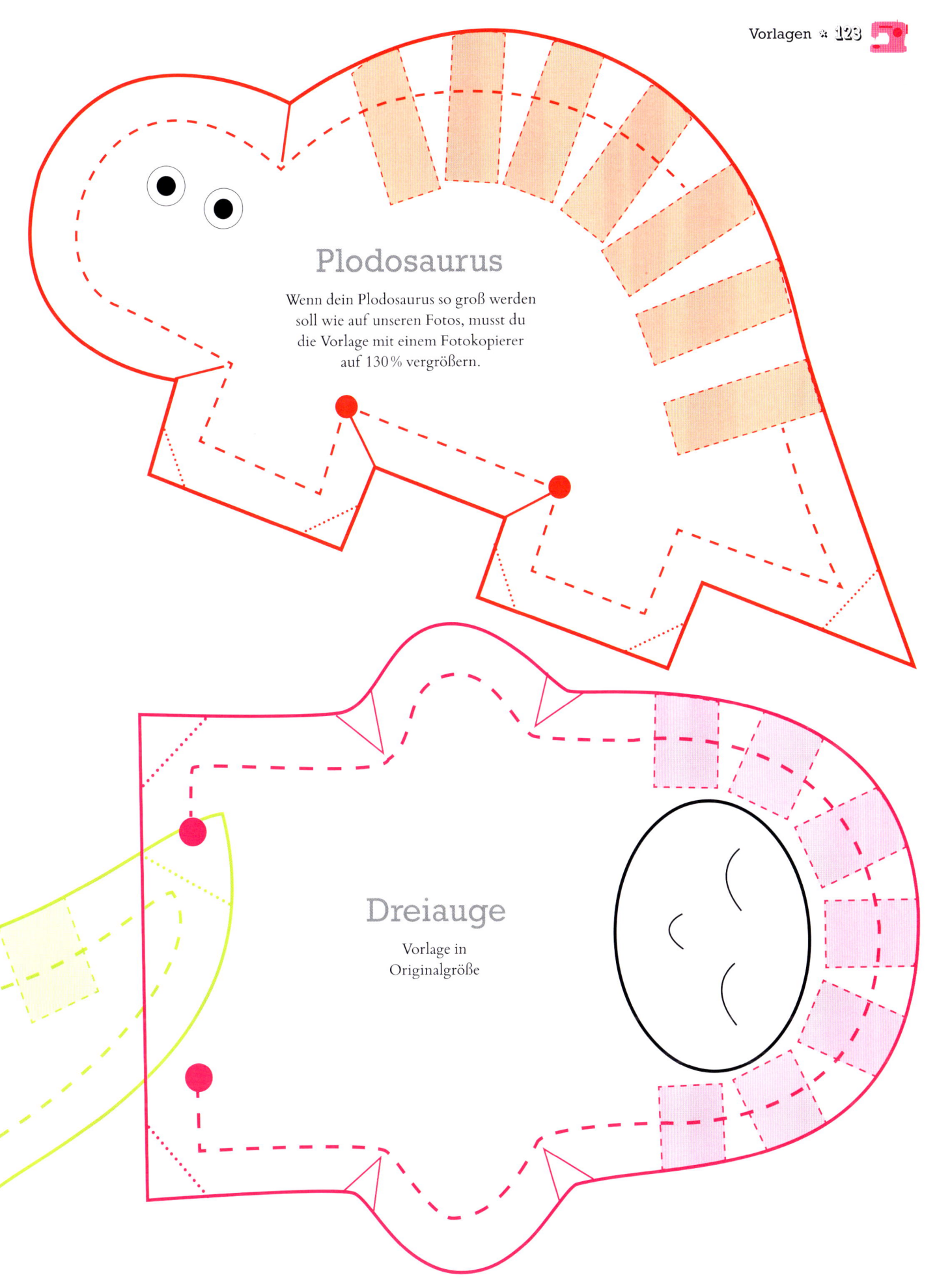

Plodosaurus

Wenn dein Plodosaurus so groß werden
soll wie auf unseren Fotos, musst du
die Vorlage mit einem Fotokopierer
auf 130% vergrößern.

Dreiauge

Vorlage in
Originalgröße

Wimpel

Dreieck, Seite 77

Hasenfamilie

Pompon, Seite 71

3-D-Hühner

Gesichter, Seite 112

Alle Vorlagen in
Originalgröße

Nadeluhr

Ziffernblatt und Rückseite,
Seite 94

3-D-Hühner

Körper, Seite 112

Register

Dank

Der Verlag bedankt sich bei:
Isabella und Maria Thomson (Models), Nicola Powling und Francesca Young (Covergestaltung). Charlotte Bull (Illustrationen) und JJ Locations (Foto-Location).